Heinrich Weishaupt

**Die Theorie und Praxis des Zeichnenunterrichts**

Stellung zur allgemeinen und spezielltechnischen Schulbildung als Winke für Lehrer und Lernende, sowie für Schulvorstände und jene, welche dem Zeichnen ein Interesse zuwenden

Heinrich Weishaupt

**Die Theorie und Praxis des Zeichnenunterrichts**
*Stellung zur allgemeinen und spezielltechnischen Schulbildung als Winke für Lehrer und Lernende, sowie für Schulvorstände und jene, welche dem Zeichnen ein Interesse zuwenden*

ISBN/EAN: 9783743300774

Hergestellt in Europa, USA, Kanada, Australien, Japan

Cover: Foto ©Thomas Meinert / pixelio.de

Manufactured and distributed by brebook publishing software (www.brebook.com)

Heinrich Weishaupt

**Die Theorie und Praxis des Zeichnenunterrichts**

# Die Theorie und Praxis

des

# Zeichnenunterrichts.

#### Die Theorie und Praxis

des

# Zeichnenunterrichts

und

### dessen Stellung zur allgemeinen und speciell-technischen Schulbildung

als

Winke für Lehrer und Lernende, sowie für Schulvorstände und Jene, welche dem Zeichnen ein Interesse zuwenden.

Bearbeitet

von

## Heinrich Weishaupt,

technischem Vorstande sämmtlicher Zeichnungsschulen und der lithograph. Kunstanstalt an der Handwerks-Feiertagsschule, und Zeichnenlehrer daselbst, sowie am k. Maximilians-Gymnasium in München.

---

Weimar, 1867.
Bernhard Friedrich Voigt.

# Vorwort.

Die in unserer Zeit sich überall kundgebenden Bestrebungen, dem Zeichnenunterricht einen geregelteren Einfluß auf die Schulbildung im Allgemeinen zu verschaffen, — ihm die gebührende Stellung anzuweisen, in der er mit den übrigen Lehrfächern Hand in Hand gehend zur Vervollständigung und Hebung des Gesammt-Schulunterrichts beizutragen berechtigt ist, veranlaßten auch mich, die Erfahrung meiner 30jährigen Lehrpraxis in dieser Unterrichtssparte, hiermit darzulegen.

Wenn auch die Erfahrung des Einzelnen nicht genügt, um ein Unterrichtssystem als vollständig richtig begründen zu können, so wird dagegen das Gesammtresultat aller übereinstimmenden Erfahrungen intelligenter praktischer Lehrer um so maßgebender sein. Daher müssen die sich koncentrirenden gleichen Urtheile über zweckmäßige Brauchbarkeit irgend eines Lehrsystemes unbezweifelte Geltung erhalten, sowie auch die allgemein in Anregung gebrachten Mängel dieses Unterrichts nicht in Abrede gestellt werden können, und deren Beseitigung dringend geboten erscheint.

Von dieser Ansicht ausgehend, suchte ich deshalb nur solche Grundsätze festzustellen, welche in der praktischen Anwendung sich als zweckmäßig erprobt, und somit die allgemeine Anerkennung bereits gefunden haben.

Zugleich beabsichtigte ich von all den bis jetzt üblichen Zeichnenunterrichtsmethoden ein klares Bild zu geben, die korrekte und fehlerhafte Behandlung des Zeichnenunterrichts, sowohl rücksichtlich des speciellen Faches, sowie auch in Hinsicht der Unterrichtsweise gründlich darzulegen und ebenso den, durch die praktischen Erfahrungen als zweckdienlich bezeichneten Unterrichtsgang, stufenmäßig, je nach den verschiedenen Schulbedürfnissen, zu entwickeln.

Die hierzu nothwendigen Quellen, sorgfältig gewählt, wurden stets angedeutet, wo deren allgemeine Bekanntheit nicht vorausgesetzt werden konnte.

Während Zeitschriften und andere Werke mitunter vortreffliche Abhandlungen über die Specialitäten des Zeichnenunterrichts, und zwar oft in ausgedehntester Weise, enthalten, sollen diese Blätter mehr das Gesammtgebiet des theoretisch-praktischen Zeichnenunterrichts umfassen, und somit, bei möglichster Kürze, all dasjenige vollständig vereinigen, was für die rationelle Anschauung, Beurtheilung und Durchführung des Zeichnenunterrichts in Schulen, wesentlich nothwendig ist.

Es dürften daher diese Blätter dem angehenden strebsamen Lehrer nicht unwillkommene Winke bieten, die ihm bei dem Eintritt in die Praxis Erleichterung und Sicherheit gewähren werden.

Möchten nun dieselben in der angedeuteten Richtung einigen Nutzen schaffen, und ihnen jene freundliche Aufnahme werden, die meinen früher herausgegebenen Unterrichtswerken im In- und Auslande zu Theil geworden, so wäre dies der schönste Lohn für die Mühen dieser Arbeit.

Der Verfasser.

# Inhalt.

Die verschiedenen Methoden des Zeichnenunterrichts, deren rationelle Anwendung, Vorzüge und Mängel.

                                                                                    Seite

a) **Das Freihandzeichnen nach dem Systeme des einzelnen Unterrichts mittelst der Vorlegeblätter** . . . . . . . . 1

    Vortheilhaftes und Nachtheiliges dieser ältesten Unterrichtsmethode. — Erste Anwendung der Lithographie für die Erzeugung der Vorlegeblätter durch Prof. Mitterer . . . . . 1—3

b) **Das Zeichnen nach dem Systeme des gleichzeitigen Unterrichts mittelst der Wandtafel und der Vorzeichnung an der Schultafel** 3

    Das Zeichnen nach der Wandtafel für den Klassenunterricht in Schulen besonders geeignet, fördert die freie Auffassung. — Der primitive Zeichnenunterricht bedingt die Vorzeichnung an der Schultafel. — Das Zeichnen des menschlichen Kopfes nach Vorlage und Wandtafel. — Anwendung der Wandtafel für Architektur- und Maschinenzeichnen, sowie für die Projektionslehre, Axonometrie, Schattenkonstruktion und Perspektive . . . 3—8

c) **Elementarunterricht im Freihandzeichnen mittelst der Zeichnungsbogen und deren neueren Motivirung (stigmographische Methode)** 8

    Vorlage und Zeichnenheft vereinigt, mit systematischer Anwendung feststehender Hülfspunkte, zweckdienlich für Kinder von 6—8 Jahren in Volksschulen. — Motivirung dieser Methode: Schablone für die Vorzeichnung der Hauptfigur und Benützung der Wandtafel als Vorlage. — Dem Zeichnen nach Vorzeichnung an der Schultafel gebührt der Vorzug . . . . . 8—10

d) **Das Elementar-Freihandzeichnen nach dem Systeme des gegenseitigen Unterrichts** . . . . . . . . . 10

    Die in Abtheilungen von 6—8 gesonderten Schüler zeichnen der Reihe nach die gegebene Aufgabe mit der Kreide an die schwarze

| | Seite |
|---|---|
| Schultafel. Der Befähigtste hiervon als Führer prüft mittelst Lineal und Zirkel die gezeichneten Figuren, und der Zeichner verbessert dann das Fehlerhafte. — Für die erste Stufe des Freihand- und geometrischen Linearzeichnens, und wegen der Uebung des Tafelzeichnens für die Schulbildung des Elementarlehrers geeignet | 10—12 |

e) **Das Freihandzeichnen nach Diktaten** . . . . . 12

    Das Diktatzeichnen an der Tafel und in dem Zeichenhefte dient als Vorbereitungsstufe des eigentlichen Zeichnens . . . 12—16

f) **Das Zeichnen nach der Natur nach dem System des P. Schmid in Berlin** . . . . . . . . . 17

    Dieses Zeichnen nach Holzkörpern bedingt die Perspektive und eine gehörige Geistesreife des Schülers . . . . 17—18

g) **Der Unterricht im Zeichnen nach der Methode der Brüder Dupuis in Paris** . . . . . . . . . 18

    Zeichnen nach plastischem Vorbilde, beginnend mit dem Linien-, Kanten- und Körpermodelle als Vorbereitung für das Zeichnen des Kopfes, des menschlichen Körpers und des Ornamentes ꝛc. nach dem Gypsmodelle . . . . . . . 18—21

**Das Zeichnen nach dem Modelle ohne und mit vorausgehender Vermittelung des Nachahmens der Bildform** . . . 21

    Das Zeichnen nach dem Modelle ohne Vorübung nach dem flachen Vorbilde ist für den Anfänger schwieriger. — Die Vorlage und Wandtafel in rationeller Weise behandelt, bietet die geeignetste Vorstufe für das Zeichnen nach plastischen Formen und fördert die ästhetische Geschmacksbildung. — Das Modellzeichnen von Uebelhack . . . . . . . . . . 21—22

**Der organische Zusammenhang des Zeichenunterrichts mit den Lehrgegenständen der allgemeinen humanistischen Schulbildung, und dessen Vorstufe in der Volksschule** . . . . 23

    a) **Grundzüge für eine hierzu geeignete Methode des Zeichenunterrichts von Prof. H. Wiebe in Berlin** . 23

        Angewöhnung des Schülers an richtige Vorstellungen von Grössenverhältnissen, Umrissen und Formen und Uebung in der richtigen Wiedergabe seiner Vorstellungen . . . . 23—25

    b) **Der erste Zeichenunterricht auf der Schiefertafel in der Volksschule von Lindig** . . . . 25

        Anstrebung einer richtigen Auffassung der Formenelemente und verständige Darstellung derselben nach und ohne Vorbild. — Benützung eines Maßstabes zum Messen mit dem Auge. — Vorzeichnen an der Schultafel mit Erläuterung und Fragen von Seite des Lehrers . . . . . . . 25—33

| | Seite |
|---|---|
| c) Das Zeichnen in veränderter Stellung des Originals und das Zeichnen aus dem Gedächtnisse; entnommen der systematischen Anleitung für den Elementarunterricht im freien Zeichnen an der Volksschule von Jos. Roller in Brünn . . . . . . . . | 33 |
| **Methodische Anleitung zur selbstständigen Komposition des Ornamentes von Robert in Paris** . . . . . . . | 35 |
| Vorzeichnung der Blattformen von dem Lehrer, Nachzeichnen derselben und Ausarbeitung eines Ornamentes nach gegebenem Programme durch die Schüler . . . . . . . | 35—36 |

## Einfluß auf die Hebung des Zeichnenunterrichts durch dessen Stellung an der Schule und durch des Zeichnenlehrers persönliche Stellung und Bildungsstufe.

| | Seite |
|---|---|
| Gleichberechtigte Stellung des Zeichnenunterrichts mit den übrigen Lehrfächern. — Vorbereitender Zeichnenunterricht an der Volksschule durch den Elementarlehrer. — Lehrgang für den Zeichnenunterricht an den Schullehrerseminarien. — Bildungsstufe des Zeichnenlehrers für Gymnasien und technische Schulen. — Gleichstellung des Zeichnenlehrers mit den Lehrern der wissenschaftlichen Fächer . . . . . . . . | 36—42 |

## Organische Entwickelung, Stufenabtheilung und Lehrgang des Zeichnenunterrichts in Bezug der allgemeinen und speciell technischen Schulbildung. — Rationell praktische Durchführung dieses Unterrichts und dessen fehlerhafte Behandlung.

| | Seite |
|---|---|
| Förderung des Zeichnenunterrichts durch methodische Behandlung und stufenweise Entwickelung derselben . . . . | 43 |
| **Erste Stufe.** Anfangsgründe des Freihandzeichnens: die Elemente der Formenlehre. — Elementares Ornamentenzeichnen. — Anfangsgründe des gebundenen Zeichnens: geometrische Konstruktionslehre | 43—44 |
| **Zweite Stufe.** Die ersten Elemente der freien Perspektive. — Freihandzeichnen nach Wandtafel und Vorlage. — Angewandte Konstruktionslehre . . . . . . . | 44 |

Seite

Dritte Stufe. Weitere Uebung der freien Perspektive. — Freihandzeichnen nach der Vorlage und plastischen Form. — Gebundenes Zeichnen: die Elemente der Projektionslehre, der Schattenkonstruktion und der Perspektive . . . . . . . . . . 41—45

Vierte Stufe. Freihandzeichnen: Ornamente und natürliche Pflanzenblätter nach Gypsabgüssen und Figuren-, Thier-, Blumen- und Landschaftzeichnen nach Vorlagen. — Gebundenes Zeichnen: angewandte Projektionslehre und Axonometrie. — Fachzeichnen: Situations-, Architektur- und Maschinenzeichnen . . . . . 45—46

Fünfte Stufe. Freihandzeichnen: Entwerfen des Ornamentes, Zeichnen des Kopfes nach Gyps. — Gebundenes Zeichnen: angewandte Perspektive, Aufnehmen und geometrisches Zeichnen nach Körpermodellen. — Fachzeichnen: Bau- und Maschinenzeichnen nach Modellen und selbstständigem Entwurfe . . . . 46

Ueber praktische Durchführung des stufenmäßigen Lehrganges.

A. Freihandzeichnen.

I. **Erstes Freihandzeichnen (die Elemente der Formenlehre) und perspektivisches Zeichnen nach Modellen** . . . . . 47

a) Die Elemente der Formenlehre: Zeichnen geometrischer Linien und Figuren als Uebung der Hand und des Auges. — Ungeeignete Behandlung dieser Uebungen . . . 47—48

b) Perspektivisches Zeichnen nach Körpern: Entwickelung des eigentlich erziehenden Elementes des Zeichnens, wodurch das Prinzip der geometrischen und perspektivischen Darstellung und deren Gesetze zur klaren Anschauung und Anwendung gebracht werden . . . . . . . . 48—50

II. **Das Ornamentenzeichnen. Dessen elementare und höhere Stufe und das Komponiren des Ornamentes** 50

Erste Stufe. Elementares Ornamentenzeichnen. Die zweckdienlichste Fortsetzung der ersten Freihandzeichnenübungen 50—52

Zweite Stufe. Das Ornamentenzeichnen nach der Vorlage und dem Gypsmodelle. Einleitung in das artistische Studium der Ornamentik. — Vergleichende Charakteristik der verschiedenen Ornamentenstyle. — Zeichnen und Modelliren des Ornamentes . . . . . . . 52—53

Dritte Stufe. Das Komponiren des Ornamentes kann nicht gelehrt, sondern nur das schlummernde Erfindungstalent geweckt und geleitet werden. — Hierbei ist der Schüler an das Studium der natürlichen Pflanze, sowie an die Gesetze der Stylisirung und der Aesthetik gewiesen. — Plastische Architektur- und Malerei-Ornamentik. — Das ästhetische Gesetz der Proportionalität, nachgewiesen durch den sogenannten goldenen Schnitt. — Das proportionirliche Verhältniß, die charakteristische Formenbil-

|  | Seite |
|---|---|
| dung und die Farbenwahl ist dem künstlerischen Gefühle überlassen. — Anordnung des Ornamentes. — Die praktischen Komponirübungen . . . . . . . . . . | 54—59 |

III. **Das artistische Fachstudium des Freihandzeichnens: das Zeichnen der menschlichen Figur und des Thieres, das Blumen- und Landschaftsfach** . . . . . . . . . 60

1) **Das Figurenzeichnen** erheischt eine mehr künstlerische Begabung. — Der Anfänger kann nicht unmittelbar an die Natur oder an die Antike gewiesen werden, für ihn sind die Modelle aus den vorzüglichsten Meisterwerken zu entnehmen. — Die Anstrebung des schönen korrekten Umrisses bleibt die Hauptaufgabe. — Das Zeichnen des geometrischen Gliedermannes und das anatomische Studium des menschlichen Körpers . . . 60—62

2) **Das Thierzeichnen** setzt das Studium der menschlichen Figur voraus, und beginnt nach dem flachen Vorbilde. — Zu dem Zeichnen nach der Natur übergehend, gehört eine besondere Begabung. — Die Säugethiere sind vorzugsweise die Gegenstände, mit denen sich der Zeichner zunächst beschäftigt. — Die charakteristische Darstellung des Gliederbaues bedingt anatomische Kenntnisse und eine richtige Behandlung der Haarpartien . . . 62—64

3) **Das Blumenzeichnen.** Geometrische Grundform des Blattes und der Blume. — Einfache und tiefgespaltene Blattformen. — Die Unterschiede in Stellung, Bewegung und Form bei Gruppirungen der Blätter und Blumen, sowie die Beleuchtung der Blumen im Ganzen erfordern ein sorgfältiges Naturstudium. — Das Blumenzeichnen vorzugsweise in den weiblichen Schulen eingeführt, dient weniger zur Ausbildung des Formensinnes . 64—67

4) **Das Landschaftzeichnen** setzt das Körperzeichnen nach dem Modelle, perspektivische Kenntnisse und das Figurenzeichnen voraus, und bedingt für den Künstler ein vielseitiges Studium der Natur. — Einfluß auf den Reiz und Charakter einer Landschaft, durch den geeigneten Gesichtspunkt und durch die verschiedenartige Beleuchtung der Tageszeit ꝛc. — Der Baum ein Hauptbestandtheil der Landschaft, dessen Stamm, Astbau und Gruppirung der Blätter (Baumschlag). — Laub- und Nadelholz, Vordergrundstudien. — Maßstab für die perspektivische Entfernung durch den Vordergrund . . . . . . . . 68—71

**B. Gebundenes Zeichnen.**

1) **Geometrische Zeichnenlehre (Konstruktion in der Ebene)** . 71

Unterrichtsweise des geometrischen Zeichnens als Vorbereitung für das technische und wissenschaftliche Zeichnen mit Voraussetzung des Freihandzeichnens. — Direkte Anwendung der geometrischen Konstruktion in der Praxis des Technikers . . . . 71—73

|  | Seite |
|---|---|
| 2) **Darstellende Geometrie mit Anwendung auf Schattenkonstruktion, Axonometrie und Perspektive** . . . . . | 73 |
| Behandlungsweise dieses Unterrichts. — Die Projektionslehre. — Modellirung der Aufgaben zur Veranschaulichung. — Messen und Projiciren nach Körpermodellen. — Angewandte Projektionslehre für specielle Zwecke der technischen Zeichnung . | 73—74 |
| Die geometrische Schattenkonstruktion dient mehr zur Kenntniß der Beleuchtung und Schattengestaltung als wie zur Konstruktionsanleitung für die Praxis . . . . | 74—75 |
| Die axonometrische Projektion vereinigt die drei Raumgrößen des Körpers in einem Bilde und wird häufig bei Illustrationen technischer Werke benützt . . . | 75 |
| Die Lehre der Perspektive: das perspektivische Zeichnen nach dem Körpermodelle. — Konstruktion des Perspektivbildes mittelst des geometrischen Grund- und Aufrisses nach dem Verfahren der darstellenden Geometrie, und mittelst der Distanz- und Fluchtpunkte. — Freie Perspektive, Anleitung zur praktischen Anwendung der Perspektive . . . . | 76 |

## C. Fachzeichnen.

|  |  |
|---|---|
| Die Werkzeichnung des Technikers, Manufaktur- und Situations-Planzeichnung, Architektur- und Maschinenzeichnung . . . | 77 |
| 1) **Situations-Planzeichnung** . . . . . . . | 77 |
| Darstellungsweise des ebenen Terrains und die Bergzeichnung nach dem Lehmann'schen Systeme. — Schraffirübung, das Zeichnen der Böschungsmaßstäbe und der stereographischen Körper. — Situations-Planzeichnungen mit Farben und getuschten Tonabstufungen oder Kreuzschraffirungen der Bergpartien . | 77—79 |
| 2) **Architektur- und Maschinenzeichnung** . . . | 79 |
| Das geometrische Linearzeichnen und die darstellende Geometrie als Grundlage. — Das Zeichnen nach der Wandtafel und nach der Skizze mit eingeschriebenen Maßen, Messen und Projiziren nach Bau- und Maschinenmodellen. — Anleitung zum selbstständigen Entwerfen und Berechnen. — Technische Behandlung der Fachzeichnungen, Umriß und Schattiren in ganzer und halber Haltung mit und ohne Farbenanwendung . . . | 79—81 |

## Lehrplan für den Zeichnenunterricht der allgemeinen und technischen Schulbildung.

| | Seite |
|---|---|
| **Programm des ersten Freihandzeichnenunterrichts an der Elementar- oder Volksschule** | 82 |
| Zweck und Aufgabe: Uebung der Hand und des Auges. — Lehrstoff: die Elemente der Formenlehre. — Gesammtunterricht durch Vorzeichnung an der Tafel und durch Zeichnen nach Diktaten | 82—84 |
| **Programm des Zeichnenunterrichts an dem Gymnasium** | 84 |
| Dessen Aufgabe: Ausbildung des Schönheitssinnes und des ästhetischen Urtheils. — Zeichnen nach geometrischen Körpermodellen, Freihand- und Linearzeichnen, Perspektive und allgemeine Kunstlehre. — Nebst Vorlegeblättern und plastischen Modellen geeignetes Lehrzimmer mit zweckmäßiger Einrichtung | 84—86 |
| **Zweck und Eintheilung der technischen Lehranstalten** | 86 |
| Niedere und höhere technische Schulen. — Die Gewerbsschule als Vorbereitung für den Eintritt in das Gewerbe. — Realschule, Realgymnasium: zur Vorbereitung für technische Berufsarten, nebst einer allgemeinen wissenschaftlichen Fortbildung. — Die polytechnische Schule: Gipfelpunkt des technischen Unterrichts, zerfällt in eine allgemeine Abtheilung und in Fachabtheilungen | 86—87 |
| **Uebersicht der Lehrfächer in den einzelnen Abtheilungen der polytechnischen Schule** | 88 |
| A. Allgemeine Abtheilung. — B. Fachabtheilungen: für Bauwesen, Maschinentechnik, chemische Technik und für Handel und Verkehr | 88—90 |
| **Programm des Zeichnenunterrichts an dem Realgymnasium** | 90 |
| Lehrgang des Freihand- und Linearzeichnens, der darstellenden Geometrie, sowie des Bossirens und Modellirens | 90—92 |
| **Programm des Zeichnenunterrichts an der Gewerbsschule** | 92 |
| Lehrgang des Freihand- und Linearzeichnens, der darstellenden Geometrie und des Bossirens. — Zeichnenunterricht für landwirthschaftliche Schüler | 92—94 |
| **Zweck der technischen Fachschulen, Baugewerk- und gewerblichen Kunstschule** | 95 |
| Die Baugewerkschule bietet dem Bauhandwerker, Mühlen- und Maschinenbauer theoretische und praktische Ausbildung und zugleich eine Vorbereitung zur Meisterprüfung. — Lehrgegenstände. — Lehrgang des Freihand-, geometrischen Linear-, Bau- und Maschinenzeichnens; der Anfertigung von Bauentwürfen | |

| | Seite |
|---|---|
| und deren Kostenanschläge; der darstellenden Geometrie und deren Anwendung auf den Steinschnitt, und des Bossirens und Modellirens | 95—98 |
| Die gewerbliche Kunstschule ertheilt Unterricht im Zeichnen und Modelliren, bietet dem Gewerbsbeflissenen eine entsprechende Kunstbildung und führt ihn zum selbstständigen Entwerfen gewerklicher Gegenstände, sowie zur Anfertigung der nöthigen Werkzeichnungen | 98—99 |
| Gewerbliche Fortbildungsschulen. Elementarabtheilung und Fachschulen des sonn- und feiertägigen Unterrichts für Lehrlinge und Gesellen, welche eine Gewerbschule oder auch blos die Volksschule besuchen konnten. — Sonntags- und Abendschulen, werktägige Fortbildungsschulen. — Eintheilung des Zeichnenunterrichts in Fachschulen nach Gewerben, deren niedere und höhere Abtheilung. — Technische Lehrfächer | 100—104 |

**Ueber Lehrmittel, praktische Durchführung des Zeichnenunterrichts und Unterrichtslokal** — 104

| | |
|---|---|
| Flache Vorbilder und Modelle. — Modelle antiker Geräthe und Ornamente, Ornamente des Mittelalters und der Renaissance. — Gypsabgüsse natürlicher Pflanzenblätter. — Geometrische Körper-, Bau- und Maschinenmodelle — Rationeller Zeichnenunterricht für junge Gewerkleute. — Unterrichtslokal mit geeigneter Beleuchtung und Einrichtung | 104—107 |

# Die verschiedenen Methoden des Zeichnenunterrichts, deren rationelle Anwendung, Vorzüge und Mängel.

Wenn die Bedeutsamkeit des Zeichnens nicht allein für die speciell-technische, sondern auch für die allgemeine Schulbildung unserer Tage immer mehr hervortritt, und die systematische Förderung desselben zur unabweisbaren Nothwendigkeit geworden, so dürfte ein gründliches Eingehen der Zeitfrage: in welcher Weise diese Unterrichtssparte am ersprießlichsten dem praktischen Leben zugeführt werden könne — um so größeres Interesse bieten, da gerade hierin sich verschiedene Ansichten kreuzen und geltend machen, und die praktischen Erfahrungen des Lehrers gegenüber der Theorie des Künstlers immerhin auch eine Beachtung finden müssen, wenn diese Theorie in der Praxis zur Lebensfähigkeit gelangen soll.

Obgleich durch jede Lehrmethode des Zeichnens so ziemlich ein und dasselbe Ziel angestrebt, und unter gewissen Vorbedingungen mehr oder minder erreicht werden kann, so zeigen doch die Resultate derselben in der wirklichen Praxis sich oft ganz anders, als wie selbe dem Laien in bestechlich geschmückten Phrasen vorgeführt werden; daher wir zunächst, vorurtheilsfrei, gestützt auf vielseitige Erfahrungen, die verschiedenen Methoden näher betrachten und ihre Licht- und Schattenseiten zur klaren Anschauung bringen werden, um so alles prüfend das Beste vom Guten benützen zu können.

### a) Das Freihandzeichnen nach dem System des einzelnen Unterrichts mittelst der Vorlegeblätter.

Das Zeichnen nach Vorlegeblättern ist bekanntlich seit Einführung des Zeichnens in Schulen die älteste Unterrichtsmethode, welche selbst für die akademische Ausbildung des Künstlers als erste Vermittlung diente, weshalb Künstler, welche ohne diese Vorschule das Studium der Antike und der Natur begonnen haben, wohl zu den Ausnahmen gehören möchten.

Ein direktes Studium nach der Natur dem künstlerischen Talente immerhin ermöglicht, erhält gewöhnlich seine Anbahnung durch das Zeichnen nach der Antike\*), während jenes für die allgemeine Schulbildung, wenn auch nur in gewissen Grenzen, bisher durch das Zeichnen geeigneter Vorlagen vorbereitet und zugänglich gemacht, gleichsam die Brücke bildend, über welche der Schüler dem Zeichnen der plastischen Formen und der Natur allmälig näher gebracht wird.

Wenn auch letzteres ohne diese Brücke erreichbar bleibt, so möchte dennoch der obig bezeichnete Weg, wenn auch nicht der kürzere, jedenfalls aber für den allgemeinen Schulzweck der leichter zum Ziele führende sein.

Bei dieser Unterrichtsmethode erhält jeder Schüler in systematischer Reihenfolge, seine eigene Vorlage, welche er in gleicher Größe oder auch in einem anderen Größenverhältnisse, am geeignetsten aber vergrößert nachzuzeichnen hat; wobei, soviel wie möglich, alle mechanischen Hülfsmittel, Lineal, Zirkel u. dergl. außer Anwendung bleiben sollen, und nur durch die den Vorlagen anfänglich beigefügten Entwürfe, dem Schüler der Entwickelungsgang seiner Aufgabe stufenweise ersichtlich gemacht, und ihm hierbei von Seite des Lehrers seine Fehler theils gerügt, theils korrigirt werden.

Indeß, wenn auch bei minderer Schülerzahl nach diesem Verfahren des **einzelnen Unterrichts** der Anlage und des Fleißes gemäß die Fortschritte der Schüler sich in entsprechender Weise entfalten, so wird dagegen bei größerer Zahl die Durchführung dieses Unterrichts schwieriger und die Ergebnisse desselben von geringerem Erfolge sein; wobei dann auch mechanisches Messen, Abstechen, Pausen u. dergl. sich gerne einschleichen, besonders wenn nicht schon von vornherein streng darauf gesehen, daß alle Vorlagen in einem andern Maßverhältnisse nachgebildet werden.

Uebrigens wird eine zu große Schülermasse auch bei jeder anderen Methode hemmend auf das Gedeihen des Unterrichts wirken.

Ein besonderer Vorzug dieser einzelnen Vorlegeblätter möchte wohl der sein, daß hierdurch ermöglicht wird die verschiedene Fähigkeit der Schüler zu berücksichtigen, die begabteren zu fördern und die weniger begabten durch Aufgaben zu beschäftigten, denen sie eher gewachsen sind.

Einer der ältesten und vorzüglichsten Förderer dieser Zeichnenmethode, Professor Hermann Mitterer, Gründer der technischen Kunstfächer an der seit 1793 bestehenden Handwerks-Feiertagsschule in München, der sich zugleich große Verdienste um die Ausbildung und Verbreitung der Lithographie erworben, war der erste, welcher die Lithographie zur Erzeugung der Vorlegeblätter für den Zeichnenunterricht in vortheilhaftester Weise benützte, welche, in Freihandzeichnen-Manier behandelt, dem Schulzwecke weit mehr entsprachen, als die in Kupfer gestochenen Vorlegeblätter.

---

\*) Die Antike zeigt uns den menschlichen Körper in einer Gesammt-Vollkommenheit, welche die Natur nicht immer vereiniget darbietet, wobei die einzelnen Theile in Einklang gebracht zu einem ebenmäßig harmonischen Ganzen sich gestalten, das sich zur idealen Schönheit erhebt. — Ebenso wird durch die plastische Behandlung derselben, dem Zeichner das richtige Verständniß der einzelnen Körpertheile erschlossen, indem selbe, ohne Härte, mit einer gewissen Bestimmtheit markirt zur klaren Anschauung kommen, und so z. B. das Auge mit seinem Deckel und dessen Dicke, je nach der verschiedenen Wendung des Kopfes die perspektivische Verkürzung, sichtbare Theile und scheinbare Umrisse viel deutlicher erkennen läßt als wie in der Natur, daher auch das Studium der Antike für den Kunstschüler von hohem Werthe und gleichsam unentbehrlich geworden ist.

Schon im Jahre 1804 blühte unter seiner Leitung die bis heute noch bestehende lithographische Kunstanstalt obiger Feiertagsschule, wodurch Mitterer praktische Schulwerke und Vorlegeblätter für die verschiedenen Zweige des Zeichnenunterrichts zu schaffen und zu verbreiten suchte.

Viele seiner Werke werden wegen ihres leichtfaßlichen Stufenganges gegenwärtig noch häufig beim Unterrichte gebraucht, und beurkunden den praktischen Blick dieses vortrefflichen Schulmannes *).

**b) Das Zeichnen nach dem Systeme des gleichzeitigen Unterrichts mittelst der Wandtafel und dem Vorzeichnen an der Schultafel.**

Bei dem in neuerer Zeit häufig in Anwendung gebrachten gleichzeitigen (Gesammt- oder Massen-) Unterricht sind die bisherigen einzelnen Vorlagen durch eine große Wandtafel ersetzt, welche als allgemeines Vorbild sämmtlichen Schülern dienen muß.

Wenn auch der Unterricht mittelst der Vorlegeblätter mehr geeignet scheint, die Schüler nach ihren Fähigkeiten zu behandeln, so ist dagegen hier der Unterricht ein gleichmäßiger, der alle Schüler in gleiche Sorge nehmend und für alle gleiche Mittel anwendend, durch seine strenge innere Disciplin zugleich auch die äußere möglichst fördert.

Dieses, sowie noch andere Vortheile, welche die Wandtafel darbietet, machen dieselbe besonders empfehlenswerth; obgleich andererseits nicht zu verkennen ist, daß auch diese Unterrichtsmethode, sowie überhaupt jede, nebst Vorzügen, zugleich Mängel hat, deren Nachtheile jedoch mehr oder minder durch geeignete Behandlungsweise von Seite des Lehrers zu beseitigen sind.

Zudem ist bekanntlich das Gedeihen des Unterrichts nicht so fast von dem Systeme, sondern weit mehr von der rationellen Anwendung und Durchführung desselben, somit hauptsächlich von dem Lehrer selbst, abhängig.

Daher kann jede Unterrichtsmethode durch denselben gehoben und verdorben werden, und unter gewissen Umständen und richtiger Behandlung jede Methode zweckdienlich sein. So wird auch mancher Lehrer mittelst der Methode, nach welcher er selbst unterrichtet worden ist, gute Resultate erreichen, während er unter dem Zwange einer, wenn auch an sich besseren, Methode, mit der er nicht genug vertraut, vielleicht nur Unzulängliches leisten würde.

Der einsichtsvolle Lehrer wird stets mit praktischem Blicke von jeder das passendste auswählen und es den gegebenen Umständen gemäß, theils vereinzelt, theils vereinigt zweckmäßig in Anwendung bringen, und auf diese Weise durch ein wohlgeordnetes Aggregat von allem dem besten der bekannten guten Methoden, zu Resultaten gelangen, die durch strenge Absonderung oder einseitiges Verfolgen eines dieser Systeme keineswegs erreichbar würden.

---

*) Betreffs der vielseitigen Verdienste, welche sich Mitterer um die Kultur des Zeichnenunterrichts erwarb, müssen wir auf „Weisbaupt's Bayerns erste technische Schule" hinweisen, erschienen: 1865 bei G. N. Fleischmann in München.

1*

Vorzugsweise wird die Wandtafel für die zweite höhere Stufe des Zeichenunterrichts sich eignen, dem primitiven Unterricht aber nur dann vollkommen entsprechen, wenn dieselbe an der Schultafel gleichsam durch die Hand des Lehrers in Gegenwart der Schüler hervorgeht, wobei er stufenweise in möglichst großen Maßverhältnissen vorzeichnet und erläutert, wodurch dem Schüler der Anfang und die allmälige Fortführung seiner Aufgabe ersichtlich, somit das Nachbilden wesentlich erleichtert wird, und der Lehrer nach Vollendung einer Stufe derselben, zeitweise Gelegenheit hat, die Schüler auf ihre Fehler aufmerksam zu machen, um hierdurch ihrem Auffassungsvermögen zu Hülfe zu kommen.

Unverkennbar wird wohl der Unterricht durch dieses **Vorzeichnen an der Schultafel** am gedeihlichsten gefördert werden, denn da auch hier, sowie bei der Wandtafel, alle Schüler ein und dieselbe Aufgabe in der vorgeführten Stufenfolge zugleich zeichnen, und ihre Aufmerksamkeit dem Lehrer und der Bearbeitung ihrer Aufgabe zugewendet bleibt, so gewinnt durch die stattfindende Konkurrenz das Zeichnen für alle Schüler weit mehr an Interesse, als wenn jeder nach seiner einzelnen Vorlage ungebunden nach beliebiger Laune arbeitet, und während alle dort mehr genöthigt sind, die gegebene Aufgabe, soviel wie möglich, zu einer bestimmten Zeit zu vollenden, wird selbst bei einer größeren Schülerzahl ein verhältnißmäßig größerer Fortschritt erzielt werden, wobei zugleich die Arbeiten der Schüler eine weit sicherere Beurtheilung dieser Fortschritte ermöglichen, als wie bei jeder anderen Unterrichtsweise.

Möchte auch gegen dieses Verfahren eingewendet werden, **daß das Zeichnen an der Tafel dem Lehrer zeitraubend sei, und derselbe nicht immer die hierzu erforderliche Gewandtheit besitze**, so muß entgegnet werden, daß die einmalige Ausführung dieser einfachen Aufgaben an der Tafel weit weniger Zeit in Anspruch nehmen wird, als wie beim einzelnen Unterricht, wo der Lehrer jedem Schüler, wenn auch nur einige Striche zeichnen und erläutern soll, und wobei dennoch nicht jener Erfolg des Gesammtunterrichts erreichbar ist.

Das Tafelzeichnen kann daher dem Lehrer nicht erlassen werden, er suche sich diese Fertigkeit durch Uebung zu verschaffen, und zwar in einem vorzüglichen Grade, indem die Tafelzeichnung als mustergültige Vorlage dienen soll, und derartig oberflächliche skizzenhafte Zeichnungen dem Zwecke nicht entsprechen können.

Ueberhaupt soll der Lehrer dem Schüler gegenüber sich als vollkommner Zeichner zeigen, er darf deshalb sich keiner mechanischen Hülfsmittel dabei bedienen, sowie deren Anwendung auch dem Schüler nicht gestattet ist.

Nach obiger Durchführung des primitiven Zeichnens kann dasselbe nach der Wandtafel, oder nach Vorlagen fortgesetzt, und so in allmälig gesteigerter Weise dem plastischen Modelle zugeführt werden.

Während die ersten Vorzeichnungen an der Schultafel aus geometrischen Linien, Figuren und einzelnen Ornamenttheilen bestehen, sind zu obigem Zwecke die sich anreihenden Wandtafeln gewöhnlich der Ornamentik entnommen, welche in möglichster Größe mit kräftigen Umrißlinien behandelt, und deren geeignetste Motive jene sind, wobei Symmetrie und leicht auszumittelnde Größenverhältnisse, sowie die charakteristische Hauptform in der einfachen Silhouette des Ornamentes strenge ausgeprägt erscheint, und kleinliche Theile und Verkürzungen desselben gänzlich vermieden sind.

Bei dieser Wandtafelzeichnung werden auch ähnlich wie bei den Vorlegeblättern, zuerst Eintheilungslinien oder Netze aus wenigen Linien bestehend, dann Stützpunkte in stets abnehmender Zahl angewendet, bis endlich diese überflüssig werden und vollkommen freies Handzeichnen, als der eigentliche Zweck der Methode, dieses Verfahren beschließt.

Das Zeichnen dieser in systematischer Stufenfolge fortgesetzter Wandtafeln kann auch dadurch einige Steigerung erhalten, indem symmetrische Figuren und Ornamente in Pappendeckel ec. ausgeschnitten zum Nachzeichnen an die Schultafel geheftet, wodurch in einfachster Weise dem Schüler das richtige Verständniß der Schattenlinien klar gemacht werden kann, und hiermit zugleich das Zeichnen nach dem einfach erhabenen Ornamente geübt wird.

Bei diesen Uebungen, besonders des Freihandzeichnens, wird, selbst bei gleichem Fleiße der Schüler, der eine seine Aufgabe schneller vollenden als wie der andere, daher dann der erstere inzwischen mit dem Zeichnen nach einer geeigneten Vorlage beschäftigt werden muß, welche Arbeit derselbe wieder zurücklegt, sobald das Zeichnen nach einer neuen Wandtafel beginnt.

Diesem ungleichen Fertigwerden läßt sich auch durch ornamentale Motive begegnen, welche durch Nebeneinanderstellung oder Wendung nach links und rechts, oder nach oben und unten, sowie durch Zusammenstellung in ein Quadrat oder Sechseck, immer Grundzüge zu einem Ornamente geben; wobei dem Schüler, nachdem er das einfache Motiv gezeichnet, gemäß seiner Fortschritte obige Zusammenstellung zur weiteren Aufgabe gemacht werden kann.

Wenn jedoch hierbei, wie es häufig geschieht, Lineal und Zirkel oder ausgeschnittene Patronen (Schablonen von Blech) zur Erleichterung des Nachbildens geometrischer Hauptformen in Anwendung gebracht werden, so dürfte durch dieses mechanische Verfahren für freie Uebung des Augenmaßes nicht viel gewonnen sein.

Ein wesentlicher Vorzug der Wandtafel bleibt immer, daß ihre Nachahmung eine Verkleinerung bedingt, die viel weniger verglichen werden kann, als wie die Vergrößerung oder Verkleinerung der gewöhnlichen Vorlage; und wodurch der Schüler genöthigt ist, nach freier Auffassung sein Augenmaß zu üben, was bei Anwendung der Vorlegeblätter weniger der Fall ist, wobei nicht selten durch Messen und andere Hülfsmittel, ein mehr mechanisches Kopiren stattfindet, welches die Uebungen der Hand und des Augenmaßes weniger fördert.

Zudem ist auch bei der Größe der Wandtafel die Hinweisung eines richtigen Verständnisses der Formen eher ermöglicht, als wie durch die kleine Vorlage.

Jedoch auch dieser anerkannte Vorzug wird wieder abgeschwächt, wenn durch zu viele Eintheilungs- oder Hülfslinien das Zeichnen zu sehr erleichtert ist, und ebenso kann durch Verminderung oder gänzliches Weglassen dieser Hülfslinien das Zeichnen nach der gewöhnlichen Vorlage, an freier Auffassung gewinnen.

Im Uebrigen kommt die Zeit, welche für das Austheilen der Vorlagen verwendet werden muß, durch die Wandtafel dem Unterrichte zu gut, dagegen muß bei dieser der Kurzsichtigkeit manches Schülers durch ein Näherrücken begegnet werden, und anderseits wieder die zu große Nähe, sowie das zu entfernte Seitwärtssitzen, vermieden bleiben, wodurch des schiefen Sehewinkels halber dem Schüler das gegebene Vorbild in anderer Gestalt erscheinen würde.

Bei dem einen Vorwurfe der Wandtafel, nach welchem alle Schüler ein gleiches, wenn auch nicht gleichgroßes Bild zu bearbeiten haben, ist zwar für den Lehrer die Vergleichung der Schülerarbeiten mit jenem etwas vereinfacht, auch hierdurch eine mehr allgemeine Belehrung ermöglicht; was bei den Vorlegeblättern nicht der Fall ist, indem die Arbeiten der Schüler durchweg generell verschieden sind.

Uebrigens bei großer Schülerzahl, jeden Schüler auf seine besonderen Fehler aufmerksam zu machen und ihn zum Besseren anzuleiten, wird fast so schwierig sein, als bei dem Zeichnen nach den Vorlegeblättern.

Ueberhaupt, sind auch manche Mängel der Vorlagen durch die Wandtafel nichts weniger als gänzlich beseitigt; so wird zwar durch letztere die möglichst gleichmäßige Ausbildung der Schüler in Rücksicht ihres Verständnisses und des Könnens angestrebt, was immerhin bei jedem Schulunterrichte stattfinden soll, durch diese Anstrebung dieselbe aber keineswegs vollständig zu erreichen sein, indem Fleiß und Anlagen den wesentlichsten Einfluß üben und hierbei den Ausschlag geben.

Selbst die Täuschungen beim Zeichnen der Vorlegeblätter mittelst Durchpausen und anderer mechanischen Hülfsmittel hervorgebracht, welche aber jeder praktische Lehrer leicht entfernt halten kann, kommen auch bei der Wandtafel in minder nachtheiliger Weise vor, indem der schwächere Schüler zur Rechten oder Linken eines begabteren sitzend, statt des allgemeinen Vorwurfs die Zeichnung seines Nebenschülers nachbildet.

Indeß wenn auch immerhin beim Klassenunterricht in Schulen dem Zeichnen nach der Wandtafel, schon des gleichmäßigen Unterrichtsganges wegen, der Vorzug mit vollem Rechte gebührt, so werden dagegen an jenen Schulen jedenfalls die Vorlegeblätter mehr am Platze sein, wo dieser Klassenunterricht nicht wohl durchführbar ist, und Schüler, deren Vorkenntnisse und Fortschritte im Zeichnen ungleich sind, vereinigt zur gleichen Stunde unterrichtet werden müssen, oder wo nebst diesem die verschiedenen gewerblichen Richtungen der Schüler berücksichtigt werden sollen. Jedenfalls fördert die Wandtafel mehr die freie Auffassung als die Vorlage, dagegen dient letztere mehr zur Entwickelung des künstlerischen Gefühles und Geschmacks und gewährt dem Schüler einen mehr sicheren Anhalt für die technische Behandlung des Umrisses und des Schattirens. Daher nach vorausgegangener Anwendung der Wandtafel, als weitere Vorbereitungsstufe für das Ornamenten- und Kopfzeichnen nach Gyps, das Zeichnen nach der Vorlage immerhin nützlich und sogar nothwendig sein dürfte, abgesehen davon, daß selbst die Abwechselung der Wandtafel und Vorlage den Schüler weniger ermüdet, und hierdurch fördernd auf den Unterricht wirkt.

Dieses einer vieljährigen und allgemeinen Erfahrung Entnommene zeigt zur Genüge, daß in der Hand eines einsichtsvollen Lehrers Vorlagen und Wandtafel, je nach Erforderniß zweckmäßig in Anwendung gebracht, als vorzügliche Materiale dieses Unterrichts zu verwerthen seien.

Zudem bietet die Wandtafel diesem Unterrichte noch eine ausgedehnte Anwendung, sowohl beim Zeichnen des menschlichen Kopfes, sowie auch für das technische und wissenschaftliche Zeichnen, deren Vorzüge in dieser Hinsicht ferners zu begründen sind.

### 1) Das Zeichnen des menschlichen Kopfes nach Vorlage und Wandtafel.

Während bei technischen Schulen das Ornamenten-Zeichnen in erste Linie tritt, bleibt für die höhere allgemeine Schulbildung das Zeichnen des menschlichen Kopfes das geeignetste.

Dasselbe setzt jedoch den vollständigen Elementarunterricht des Freihandzeichnens voraus, erfordert Anlage, künstlerisches Gefühl und eine gewisse Verstandesreife.

Das Zeichnen der menschlichen Figur, schon für den Künstler das schwierigste, kann daher nur unter den vorausgehenden Bedingungen zu genügendem Resultate führen, während das technische und selbst wissenschaftliche Zeichnen weniger das künstlerische Talent beanspruchend, jedem in einem minder oder höheren Grade zugänglich bleibt.

Das Zeichnen des menschlichen Kopfes wurde früher nach Vorlagen, in neuerer Zeit nach der Wandtafel betrieben, welches Verfahren aber hiervon das zweckentsprechendste sein dürfte, wird seiner Zeit die allgemeine Erfahrung zeigen.

Indeß ist als richtig anzunehmen, daß, da schon das Zeichnen des Ornamentes nach der Wandtafel für den Schüler schwieriger als nach der Vorlage, diese Schwierigkeit beim Kopfzeichnen noch mehr hervortreten wird; indem jedem praktischen Lehrer bekannt, daß der Schüler unter der wirklichen Größe gezeichnete Köpfe, wegen des leichteren Ueberblickes der proportionirlichen Verhältnisse, viel leichter nachzubilden im Stande ist, als wie solche von natürlicher Größe, und so umgekehrt dieses Nachbilden um so schwieriger wird, je mehr die Vorlage diese natürliche Größe überschreitet.

Um dieses wieder auszugleichen wird zwar gewöhnlich die große Kopfvorlage mit vielen Hülfslinien versehen, wodurch aber die freie Auffassung gemindert und dafür mehr mechanisches Kopiren an dessen Stelle tritt.

Hiermit soll keineswegs gesagt sein, als sei der kleinen Kopfvorlage ein unbedingter Vorzug einzuräumen, dieselbe wird zwar dem Elementarunterrichte gute Dienste leisten, die größere jedoch für die Vorbereitung eines mehr künstlerischen Unterrichtes jedenfalls zweckdienlicher sein.

Da ferners durch das Zeichnen nebst Uebung der Hand und des Augenmaßes auch noch der Geschmack-, Schönheits- und Formensinn gebildet werden soll, und bekanntlich die ersten Eindrücke die bleibendsten sind, so ist auch auf die Wahl des zu zeichnenden Gegenstandes bei Vorlage und Wandtafel die gehörige Rücksicht zu nehmen.

Daher müssen schon zu den Aufgaben des Ornamentenzeichnens klassische Muster ausgesucht, sowie nur Köpfe nach der Antike oder nach vorzüglichen Meisterwerken, für den Anfang in einfachen Umrißlinien dargestellt, als die geeignetsten Vorbilder gegeben werden.

### 2) Anwendung der Wandtafel für Architektur- und Maschinenzeichnen, sowie für die Projektionslehre, Axonometrie, Schattenkonstruktion und Perspektive.

Wenn auch in Rücksicht des obigerwähnten beim Unterrichte des Kopfzeichnens von vielen Lehrern die Vorlagen den Vorzug erhalten, so findet dagegen die Wandtafel für den Zweck des Architektur- und Maschinenzeichens \*), sowie bei der Projektionslehre, Axonometerie, Schattenkonstruktion und Perspektive die vielseitigste Anwendung.

Selbstverständlich wird es hierbei nicht genügen, die Aufgabe durch die Wandtafel dem Schüler vorgeführt und erklärt zu haben, indem stets das Konstruktive derselben, von Seite des Lehrers, an die Schultafel gezeichnet und erklärt werden muß, was überhaupt bei den Vorträgen dieses mehr wissenschaftlichen Unterrichts auch ohne Benützung solcher Wandtafeln zu geschehen pflegt.

Ebenso müssen bei dem Architektur- und Maschinenzeichnen die durch die Wandtafel in ihren Maßverhältnissen gegebenen architektonischen Glieder und Maschinentheile, ähnlich wie beim Aufnehmen (Kroquiren) des Modelles mit freier Hand von dem Schüler in das Heft skizzirt und die Maße beigefügt, und dann erst mittelst eines anzunehmenden Maßstabes nach dieser Skizze die Reinzeichnung ausgeführt werden.

Im übrigen wird auch noch die Wandtafel bei dem Elementar- und höheren wissenschaftlichen Unterricht, sowie für specielle Zwecke der Kunstschulen vortheilhaft zu benützen sein.

Auch bietet sie dem Zeichnenlehrer eine wesentliche Erleichterung und Sicherheit bei Ermittelung der Fortschritte des einzelnen Schülers, sowie bei der der ganzen Klasse.

Die jeden Monat gefertigten Probezeichnungen nach der Wandtafel werden diese Fortschritte und den systematischen Unterrichtsgang und somit das Gesammtresultat einer Schule viel klarer darlegen, als wie die jährlichen Ausstellungen der Schülerarbeiten, wobei gewöhnlich nur die bessern Arbeiten der talentvolleren Schüler vorgelegt sind.

### e) Elementarunterricht im Freihandzeichnen mittelst der Zeichnungsbogen, und deren neueren Motivirungen.

#### (Stigmographische Methode).

Das System der Zeichnungsbogen \*\*), welches bei Entstehung der bayrischen Gewerbschulen auftauchte, bestand darin: Dem Schüler unmittelbar auf seinem Zeichnungspapiere Zeichnungen geometrischer Figuren zu geben, wobei er die Handübungen mittelst des Zeichnens paralleler Linien in obige Figuren nach verschiedenen Richtungen und gleichem Entfernthalten dieser Parallelen vorzunehmen, dann als Uebungen des Augenmaßes derartig halb vorgezeichnete symmetrische Figuren zu ergänzen hatte.

---

\*) Für den theoretisch-praktischen Unterricht des Maschinenzeichnens wurde die Wandtafel schon 1803 an der Münchner Handwerks-Feiertagsschule durch Alois Ramis benützt (siehe Weishaupt's Bayerns erste technische, Seite 51). So hat auch der Verfasser schon 1835 für den Zeichnenunterricht an der damaligen Lateinschule in München das Vorzeichnen an der Schultafel und die Wandtafel in Anwendung gebracht, was vielleicht von anderen Lehrern noch früher schon geschah.

\*\*) Im Jahre 1838 erschien im königl. Centralschulbücherverlag in München „Vorläufige Instruktion über den Zweck und Gebrauch der zum Behufe des Elementar-Zeichnungsunterrichts herausgegebenen Zeichnungsbogen".

Diese Methode der Stigmographie (eine systematische Anwendung von feststehenden Hülfspunkten) konnte jedoch in der Praxis keinen Anklang finden; die mehr mechanischen Uebungen und Wiederholungen ermüdeten und langweilten den Schüler und benahmen ihm die Lust zum Zeichnen, weshalb auch immer die Resultate ihrer Anwendung gering ausfielen und erfahrungsmäßig stets die letzten Seiten die schlechtesten Linien enthielten, da hier der Ekel und der Ueberdruß an der Arbeit kulminirte; daher auch diese Zeichnungsbogen sehr bald außer Gebrauch kamen.

Indeß wurden dieselben, ihrer praktischen Seite wegen, womit sie dem Schüler für seine Uebungen Papier und Vorlage zugleich darbieten, später wieder hervorgesucht und mit Motivirung für den Elementarunterricht und den Anfang des Ornamentenzeichnens benützt.

In dieser Gestaltung werden bei dem Unterrichte zunächst angedeutete, vorpunktirte Linien von dem Schüler nachgezogen, sowie durch Punkte angedeutete Linien und Figuren gezeichnet, dann ohne alle Anhaltspunkte dieselben frei nachgebildet, worauf gebogene Linien, symmetrische Figuren und Ornamenttheile durch Punkte und theilweise Vorzeichnung gegeben, in ähnlicher Weise behandelt werden.

Wesentliche Berücksichtigungen bei diesen Zeichnenübungen sind: geeignete Stellung der Hand und des Körpers, Beseitigung der gekniffenen Haltung des Stifts, wodurch die Freiheit der Hand beeinträchtigt wird, und Vermeidung des Gummielastikums, wobei Reinheit der Linien und ein nicht zu starkes Aufdrücken ein Hauptziel dieser Uebungen bleiben.

Für angefüllte Klassen der Volksschulen bei Kindern von 6—8 Jahren dürfte durch dieses Verfahren der Unterricht sehr erleichtert, und frühzeitige Sauberkeit und eine gewisse Handfertigkeit jedenfalls zu erzielen sein.

Auch läßt diese Behandlung dem Lehrer Zeit die einzelnen Schüler zu beaufsichtigen, sie zu leiten, und schließt auch nicht das Verfahren aus, durch Vorzeichnen an der Tafel die nöthigen Anweisungen zu erläutern.

Wieder nach einer andern Variation dieser Methode, werden Hefte mit angefertigten Quadratnetzen benützt, oder mittelst ausgeschnittner Blechschablone die verschiedenen Einfassungsfiguren, nämlich Quadrate, Rechtecke, Kreise u. s. w. dem Schüler auf seinem Zeichnungspapiere vorgezeichnet, wobei derselbe in diese Figuren die durch Vorlage oder Wandtafel gegebene Aufgabe mechanisch einzuzeichnen hat.

Wenn auch diese Behandlung des Unterrichts besonders für Elementarlehrer, welche minder geübte Zeichner sind, manches Bequeme hat, und dem Schüler durch die mechanische Vorzeichnung der Begrenzungsfiguren, die Bestimmung der Punkte für die zu zeichnenden Linien seiner gegebenen Aufgabe, und somit auch das Zeichnen derselben wesentlich erleichtert ist, so wird dagegen hierbei die für das Freihandzeichnen nothwendige freie Auffassung weniger entwickelt, als wie durch die oben erwähnte freie Zeichnenübung nach großer Vorzeichnung an der Schultafel.

Obgleich bei jenem Verfahren eine scheinbar bessere Auffassung und Durchführung der Aufgabe sich ergiebt, als wie bei diesen freien Uebungen, so wird dennoch dem intelligenten Lehrer nicht entgehen, daß durch jenes mehr die Täuschung als wie der wirkliche Fortschritt des Schülers gefördert wird.

Hierüber erhält man auch die untrüglichsten Beweise, wenn den Schülern beider Methoden die Aufgabe gestellt wird: ein einfaches Ornament oder irgend ein Motiv des abgehandelten Lehrstoffes nach einer Vorlage oder Wandtafel zu zeichnen; wobei die an freie Auffassung schon gewöhnten Schüler den nach der andern Methode geschulten weit überlegen sein werden.

Daher auch für die erste Stufe dieses Elementarunterrichts das Zeichnen nach großer Vorzeichnung an der Schultafel vorgezogen werden dürfte.

### d) Das Elementar-Freihandzeichnen nach dem Systeme des gegenseitigen Unterrichts*).

Bei diesem gegenseitigen Unterrichte arbeiten die Schüler zu Anfang in Abtheilungen von je 6 – 8 gesondert, wobei jede Abtheilung aus jungen Leuten von ungefähr gleichem Alter besteht, und der Befähigtste von ihnen das Amt des „Führers" übt.

Einer jeden Abtheilung ist als Material eine schwarze Tafel zugewiesen; ein etwa 2 Fuß langer hölzerner Zirkel; ein Winkelmaß, dessen eine Seite beiläufig 2 Fuß, die andere 1½ Fuß mißt; sodann ein Lineal von 4 Fuß Länge.

Am untern Rande der Tafel sieht man einen 3 Fuß langen wagrechten Strich, dessen beide äußerste Drittheile in Zolle getheilt sind.

Die erste Reihe der Aufgaben wird mit Kreide auf der Tafel gezeichnet. Links am Gestelle derselben hängt zu diesem Ende das Programm der Aufgaben; rechts ebenso die bezügliche Figurentafel.

Der Führer liest eine Aufgabe ab, und ein Blick auf die Figurentafel belehrt die Schüler, was damit gemeint sei. Weitere Erklärungen werden nicht gegeben.

Wo bei einer Aufgabe auf keine besondere Figur verwiesen ist, werden die Schüler sich einer frühern ähnlichen erinnern, welche zum Muster dient. Ist nun die Aufgabe durch den Führer abgelesen, so wird dieselbe der Reihe nach von allen Schülern der Abtheilung ausgeführt.

Anfänglich zeichnet der Schüler die Striche absatzweise, bis er eine größere Linie in einem Zuge ganz gerade zuwege bringt. Wenn dies erreicht ist, wird der Lehrer, welcher die Oberaufsicht führt, darauf sehen, daß die Striche so fein wie möglich und mit leichter Hand gezogen werden. Die Kreide wird dazu nicht besonders gespitzt, vielmehr wird der Schüler sich immer eine Ecke an derselben aussuchen, welche einen guten Strich giebt.

Wo bei einer Figur keine Maße angegeben sind, wird dieselbe stets so groß gezeichnet, als der Raum der Tafel und die Körpergröße des Schülers dies gestatten. Sind aber Maße angegeben, so wird deren Größe am Rande der Tafel geschätzt.

---

*) Im Jahre 1861 erschien bei Spamer in Leipzig: „das technische Zeichnen" von Guido Schreiber, dem obiges Programm dieses Lehrganges entnommen ist. Der Verfasser, welcher, um die Mitte der verflossenen dreißiger Jahre von dem großherzoglich badischen Ministerium des Innern mit der damaligen Einrichtung der Gewerbeschulen des Landes betraut gewesen, und dieses System beim Zeichenunterricht zur Einführung brachte, sagt in der Einleitung des obigen Werks folgendes hierüber: „den Unterrichtsplan für das Zeichnen, welcher bei jener Gelegenheit ausgearbeitet worden, hat die Praxis bewährt, und auch seitherige weitere Erfahrungen vermochten nur die Richtigkeit der dortigen Ansichten wiederholt zu bestätigen"

Ist eine Figur durch einen der Schüler gezeichnet, so hat der nachfolgende dieselbe nach dem Augenmaße zu beurtheilen; dann geschieht die Prüfung durch den Führer vermittelst des Lineals, des Winkelmaßes oder des Zirkels, und zuletzt die Verbesserung des Fehlerhaften durch den Zeichner. Einen andern Zweck haben auf dieser ersten Stufe jene Instrumente und Geräthe nicht.

In einigen besonderen Stunden werden die Führer durch den Lehrer unterwiesen, wie sie die Prüfung mittelst der Instrumente auf einfache Art vorzunehmen haben.

Im weiteren Verlaufe des Unterrichts können die Prüfungen mit den Instrumenten jedoch füglich auch von andern Schülern, als den Führern, vorgenommen werden.

Die Aufgaben enthalten Uebungen im Zeichnen der geraden Linie in verschiedenen Lagen, sowie im Schätzen ihrer Länge, denen sich das Zeichnen paralleler Linien, der Winkel, Dreiecke, Vier- und Fünfecke und zusammengesetzt symmetrischer Figuren, sowie das Zeichnen des Kreises, der Ellipse und verschiedener krummen Linien anreihen; welche Aufgabenreihe, aus 68 Figuren bestehend, hinreichend sein dürfte dem Schüler die beabsichtigte Fertigkeit und Sicherheit im Zeichnen der Linien u. s. w. auf der Tafel zu verschaffen, und wobei immerhin noch dem Lehrer vorbehalten bleibt, nach Bedarf und Ermessen andere Aufgaben einzuschalten und gegebene zu variiren.

Betreff des speciellen Programms dieser Aufgaben müssen wir auf das bereits erwähnte Werk hinweisen.

Durch die erste Stufe dieses Vorbereitungsunterrichts sollen dem Schüler die Begriffe von Form, Richtung, Maß und Verhältniß erschlossen werden, und seine Hand dem jetzt geübtern Auge folgen lernen, was durch das Zeichnen in möglichst großem Maßstabe am ehesten erreicht, und zugleich für das Zeichnen im Großen, sehr oft die Aufgabe des Technikers, die geeignetste Vorübung giebt.

Auf der zweiten Stufe angelangt, wird die ganze Reihe dieser Aufgaben wiederholt durchgearbeitet, jedoch in kleinem Maßstabe, auf Papier mit Bleistift und mit der Feder.

Das Zeichnen mit der Feder dient besonders der Hand des Schülers Sicherheit zu geben und sie geschmeidig zu machen. Hierfür eignen sich vorzugsweise Gänsekiele, und zwar kräftige Eckfedern; kommen Stahlfedern in Anwendung, so wähle man weiche, nicht zu spitz geschnittene, welche mit starkem Halter versehen.

Das Zeichnen der Striche geschieht absatzweise und in der Richtung gegen den Leib, zu welchem Ende das Papierblatt nach Erforderniß gedreht werden soll. —

Das Stricheln der Linien muß verpönt bleiben.

Der Schüler wird solche Unart jedoch gar nie annehmen, wenn er sich gleich zu Anfang gewöhnen will, beim Ziehen einer Linie den Blick weniger auf die Federspitze zu heften, als ihr vielmehr mit dem Auge stets voranzugehen, und es auf die Orte zu richten, wo die Spitze fort und fort anlangen soll.

Zum Behufe des Prüfens oder des Vorbereitens dieser letzten Uebungen ist einem jeden Führer der Abtheilung ein Handzirkel, ein Lineal und ein Winkelmaß von passender Größe übergeben.

In gleicher Weise kann auch die erste Stufe des geometrischen Linearzeichnens nach dem Systeme des gegenseitigen Unterrichts behandelt werden, wobei das Verständniß der Konstruktionen dieser Aufgaben an der Tafel eingeübt wird.

Uebrigens, wenn es auch keinem Zweifel unterworfen, daß an Gewerbschulen dieser Lehrgang zu den ersprießlichsten Ergebnissen führen wird, so möchte doch bei großer Schülerzahl und beschränktem Schullokale der bereits erwähnte gleichzeitige Unterricht, wobei der Lehrer die Aufgabe auf der Tafel vorzeichnet, vorzuziehen sein, und derselbe nicht minder befriedigende Resultate liefern, wenn die Grundsätze des obigen Lehrganges auch bei diesem festgehalten werden.

Zudem wird die Form des gegenseitigen Unterrichts nur für die erste Stufe der Zeichenübungen mit Erfolg anwendbar, bei der höhern Stufe aber der direkte Unterricht des Lehrers nothwendig, und selbst da nur ein gedeihlicher Erfolg derselben bei nicht zu großer Schülerzahl zu ermöglichen sein.

Jedenfalls dürfte diese Methode, wodurch das Zeichnen im Großen an der Tafel systematisch geübt wird, auch für die Schulbildung des Elementarlehrers, dem die Ertheilung des Zeichenunterrichts zugewiesen ist, sehr zu empfehlen sein; indem dieses Tafelzeichnen demselben hierzu unentbehrlich, und somit eine derartige Vorschule nur vortheilhaft sein wird.

### e) Das Freihandzeichnen nach Diktaten.

Während der bisherige Elementar-Zeichenunterricht sein Ziel, die Gymnastik der Hand im Dienste des Auges zu üben, auf äußerliche Weise, d. h. durch Nachahmung der Vorzeichnung, der Wandtafel und fertigen Vorlage oder durch die stigmographische Methode, oder nach dem Systeme des gegenseitigen Unterrichts zu erreichen sucht, soll dieser Zweck bei dem Zeichnen nach Diktaten mittelst allmäliger Selbstgestaltung eines innerlich Angeschauten unter Mitwirkung der Sprache erreicht werden.

Dieser keineswegs neue Gedanke ist schon in der tiefgehenden Lehre Pestalozzis, die ganze Schulbildung auf Sprache, Zahl und Form zu gründen, angeregt worden; und nach der Grundidee dieses Unterrichts soll somit Nichts, auch nicht das Geringste von den Schülern geschehen ohne die Mitwirkung des Geistes, ohne die Heranziehung der Verstandes- und womöglich der Gemüthskräfte.

Dieser Zweck ist aber in vollen Klassen nicht anders zu erreichen, als durch das Zeichnen nach Diktaten*), welche von den Schülern, und zwar im raschen Wechsel (so daß je ein Schüler nur eine oder ein paar Linien an der Tafel zeichnet), an der Tafel ausgeführt werden.

Bei diesem Verfahren bleibt die ganze Klasse in gespannter Aufmerksamkeit während des Entstehens der Zeichnung, jeder Einzelne muß auf

---

*) Aus Troschel's Monatsblättern, einer Mittheilung des Ferd. Schubert entnommen, welcher als Lehrer des Freihandzeichnens an der niederösterreich. Landes-Oberrealschule zu Wiener-Neustadt, dieses Verfahren seit 20 Jahren mit größtem Vortheile anwendete.

die anweisenden und erklärenden Worte des Lehrers hören und sie zu verstehen suchen, während er auch schnell groß zeichnen lernt.

Dem Einwurf des schiefen oder zu kleinen Sehwinkels wird dadurch begegnet, daß man möglichst groß und mit dicker Kreide zeichnen läßt; daß der erste Tisch entweder frei bleibt oder die Schüler nach einer bestimmten Ordnung kursiren, so daß jeder Schüler nach und nach jeden Platz der ganzen Klasse eingenommen hat, wodurch die Nachtheile des Seitwärts- oder Rückwärtssitzens auf ein Minimum reducirt werden.

Die mündliche Korrektur wird ebenfalls durch die Schüler vorgenommen, und nur wenn die Kraft des Schülers nicht mehr ausreicht, hilft Rath und Hand des Lehrers. Eine solche Zeichnung ist in allen ihren Elementen durchgenommen worden, kaum ein Atom blieb unbesprochen, und dies ist wohl mehr werth, als die kurzen Anweisungen, die man bei Einzelvorlagen ertheilen könnte.

Was die Verzögerung bei dieser Art zu arbeiten anbelangt, so ist sie nicht nur kein Hemmniß des Fortschrittes, sondern das förderndste Mittel; denn fast kein Schüler der ganzen Klasse verdirbt hierbei ein Blatt, er zeichnet mit Lust, da er im Wetteifer mit Anderen arbeitet, selbst wenn eine Zeichnung über ein Stundenpaar hinaus zu thun giebt.

Während des ganzen Diktirens wird der verständige Lehrer von Tisch zu Tisch gehen und so jede Arbeit bei ungefähr 50 Schülern wenigstens 3 bis 4 mal sehen, die Erlahmenden antreiben, Anderen rathen, sie kritisiren u. s. w.

---

Wieder in anderer Weise wird von Glinzer, Maler und Zeichnenlehrer in Kassel, dieses Diktatzeichnen behandelt, und die wesentlichsten Grundzüge seiner Unterrichtsmethode bestehen in Folgendem:

1) **Zur Handhabung strenger Ordnung und Disciplin** werden den Schülern Zeichnenbücher von starkem Handpapier gegeben, welche in Form der gewöhnlichen Schreibbücher, 4 Bogen = 16 Blätter Papier enthalten, und in Pappumschlag gut geheftet und sehr sorgfältig im rechten Winkel geschnitten sind, wobei ein glattgewalztes Stück blaue Pappe zur Unterlage für das Blatt dient, worauf gezeichnet wird.

Das Herausreißen eines Blattes aus dem Buche ist nicht gestattet und überhaupt die größte Ordnung und Reinlichkeit unerläßlich.

Jeder Schüler muß sein Zeichnenmaterial, bestehend in einem Federmesser, zwei Bleistiften, einem Stück Gummi und einem starken Zeichnenkästchen, vollständig besitzen, weil alles und jedes Borgen oder Verleihen ausgeschlossen ist.

Jeder Schüler reicht auf dem Platze sitzenbleibend, behufs der Korrektur sein Zeichnenbuch nebst Bleistift und Gummi dem Lehrer hin, welcher sich dieses Materials bedient und dadurch am sichersten die Qualität und richtige Behandlung desselben beurtheilen und nöthigenfalls rügen kann.

2) **Zur Bewältigung von Unbeholfenheit, schwerer Hand und Unreinlichkeit der ersten Anfänger**, wird denselben auf angenehme, Sinne und Geist fesselnde Weise über diese Stufe hinaus geholfen, durch leichtfaßliche Umrisse bekannter Gegenstände, die lediglich mit geraden Linien auf Kartenpappe angefertigt und deren durchstochene Winkelpunkte den Kindern auf das Zeichnenbuchblatt punktirt werden, mit der Aufgabe,

diese Punkte blaß und sauber durch gerade Linien zu verbinden, jedoch so, daß sie niemals die Punkte selbst berühren, sondern die Linien dicht vor denselben abbrechen \*).

Für weiter fortgeschrittene, ältere Schüler, von denen man schon mehr Mitwirkung des Geistes verlangen kann, dient zu obigem Zweck ein aus Senkrechten und Wagrechten angefertigtes gleichtheiliges durchstochenes Quadratnetz, nahezu von der Größe des Zeichenbuchs. Hiermit lassen sich, bei einigem Nachdenken, die hübschesten Figuren, grundsätzlich meist aus senk- und wagrechten Linien zusammengesetzt, aufpunktiren. Sehr belehrend ist es hier, wenn man streng symmetrische Figuren wählt, nur die eine Seite, diesseits der senk- oder wagrechten Mittellinie, aufpunktirt und die andere selbstständig ausführen läßt.

Der Erfolg dieser Uebungen ist in der Regel so befriedigend, daß man nach kurzer Zeit weiter fortschreiten kann.

3) **Zu den Diktatzeichnungen werden nun planimetrische Figuren in geeigneter Reihenfolge gewählt** und der Stufengang dieses Unterrichts entwickelt sich in folgender Weise:

Erklärung des Raumes, des Körpers als eines raumerfüllenden, seine Ausdehnungen, Begrenzung des Körpers durch Flächen, der Flächen durch Linien, der Linien durch Punkte. Der Punkt der kleinste Körpertheil. Die Ebene, die krumme Oberfläche, beider Unterschied erklärt mittelst Anlage körperlicher gerader Linien. Die Ebene als Zeichenfläche betrachtet. Gezeichnete Flächenfiguren, optische Flächenfiguren. Aehnlichkeit derselben und Darlegung des Grundes, warum die letztern mittelst Zeichnung dargestellt werden können.

Hier bricht nun die Einleitung in die Körperlehre ab, welche überhaupt nur berührt wurde, um die Schüler nicht ganz im Dunkeln zu lassen, was sie später erwartet: **bildliche Nachbildung wirklicher Natur**.

Es wird grundsätzlich bei diesem Unterricht ein Zurückgehen auf die materielle Räumlichkeit vermieden, weil es hier auf innere Erweckung von **Flächenfiguren** abgesehen ist.

Bei dem fernern Unterricht kommt daher die **Körperlehre als solche gar nicht in Betracht**; das Eingehen darauf wird dem folgenden Lehrer, dem eigentlichen **Zeichnenlehrer**, vorbehalten.

Es folgen leichtfaßliche Erläuterungen. Drei Arten von Richtungen gerader und krummer Linien, deren Bestimmung durch Punkte. Der Kreis und das Quadrat als die vollkommenste krummlinige und geradlinige Flächenfigur. Parallele Lage, Durchkreuzung von zwei geraden Linien. Winkel, deren Arten. Enstehung des Winkels aus dem Centrum eines Kreises. Die Radien des Kreises als Winkelarme. Gleichseitige Vielecke, sowohl geradlinige als krummlinige. —

Diese in Verbindung mit der Praxis gegebenen Lehren dienen als Grundlage der Diktatzeichnungen, welche gleichzeitig angefertigt werden; **alles und jedes aus freier Hand, ohne irgend eine mechanische Beihülfe.**

---

\*) Die zu diesem stigmographischen Verfahren hyperstylisirten Abbilder der Natur sind meistens schönen Blättern entlehnt (Ahorn, Tulpen- und Platanenbaum, Eiche ꝛc.), wobei aber auch bekanntes Hausgeräth, eine Gießkanne, ein Tintenfaß u. dergl., womöglich von ansprechenden Formverhältnissen nicht ausgeschlossen ist.

Es theilt sich nun der Lauf des Unterrichts nach zwei Seiten hin.

1) Die Bildung von gleichen Winkeln um einen Mittelpunkt, unter Gleichmachung ihrer Schenkel führt zu der Zeichnung gleichseitiger Vielecke und deren Benutzung zu der bekannten rosettenartigen Ornamentik.

2) Die Zeichnung des Quadrats, stets mit wagrechter Basis oder senkrecht auf die Spitze gestellt (niemals schräg), gewährt dem Lehrer eine unversiegbare Quelle von Uebungsaufgaben, welche mit der Eintheilung seiner Seiten in diktirte gleiche Theile und eines hiernach gebildeten Quadratnetzes beginnen und unter stetiger Neubildung dieses Netzes sich auf die Zeichnung der mannichfaltigsten Figur und deren Verzierungen erstrecken.

Alle Figuren ohne Ausnahme entstehen demnach mit Hülfe einer Senk- und Wagrechten, welche durch den Mittelpunkt des Zeichenblattes, der daher stets zuerst aufgesucht wird, gezeichnet werden. Sie entstehen allmälig nach wohlüberlegten knapp abgewogenen und stets sich gleichbleibenden Diktaten, deren Art nun durch folgende zwei Diktate klar gemacht werden soll. Diktat einer Figur zur Uebung von Senk- und Wagrechten.

a) Zeichnet den Mittelpunkt Eures Blattes, b) eine Senk- und Wagrechte, und macht nach Längenwahl die Winkelarme gleich, c) zeichnet durch die gewonnenen Endpunkte ein Quadrat mittelst senk- und wagrechter Linien, d) zerlegt dessen Seiten in 5 gleiche Theile, e) verbindet die sich entgegenstehenden Punkte der parallelen Seiten durch blasse gerade Linien. — Frage: Was habt Ihr gezeichnet? Antwort: Ein Quadrat. Fr.: Wieviel wagerecht stehende Reihen von Winkelpunkten zählt Ihr? Antwort: 6 Reihen. Fr.: Wieviel solcher Punkte in jeder Reihe? Antwort: 6 Punkte. — Beziffert die Punkte dieser Reihen von links nach rechts, wie ich Euch diktiren werde; beginnt mit der obersten Reihe, indem Ihr die Ziffer blaß, aber deutlich geschrieben, etwas rechts über die Punkte setzt:

|  1 |  0 |  2 | 15 |  0 | 16 |
|----|----|----|----|----|----|
|  0 |  0 | 14 |  3 |  0 |  0 |
| 20 |  8 |  0 |  0 |  9 | 17 |
|  7 | 19 |  0 |  0 | 18 | 10 |
|  0 |  0 | 13 |  4 |  0 |  0 |
|  6 |  0 |  5 | 12 |  0 | 11 |

Nun verbindet die Punkte mittelst reinlicher gerader Linien nach der Reihenfolge der Ziffern, und löscht die letzteren nebst dem Quadratnetz aus. — Es muß bemerkt werden, daß der Lehrer von keiner dieser Arbeiten zur folgenden fortschreitet, ehe dieselbe von jedem Schüler befriedigend geleistet ist, welche Forderung denn eine beständige Aufsicht und Korrektur nöthig macht.

Ein dadurch bedingtes langsames Vorschreiten kommt gar nicht in Betracht, da die Erziehung strenger Richtigkeit unter Heranziehung der Verstandeskräfte des Schülers mittelst des in

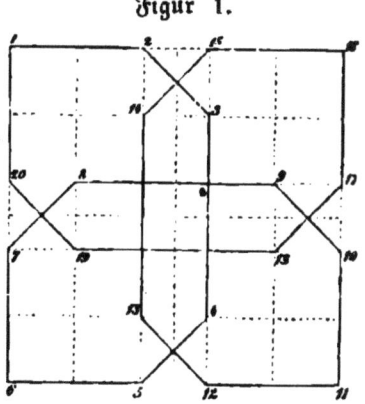

Figur 1.

Worte zu fassenden Begriffes als einziger Zweck des Unterrichts angestrebt wird.

Diktat zu einer im Bereiche des Umkreises sich haltenden Figur. Zur Uebung in schrägen Linien.

a) und b) wie oben. c) Halbirt die rechten Winkel und macht sämmtliche 8 Winkelarme gleich. Beziffert die gewonnenen Endpunkte, anfangend von dem obersten, links herum, wie folgt:
1 6 3 8 5 2 7 4.
Verbindet diese Punkte mittelst blasser gerader Linien nach der Reihenfolge der Ziffer.

Figur 2.

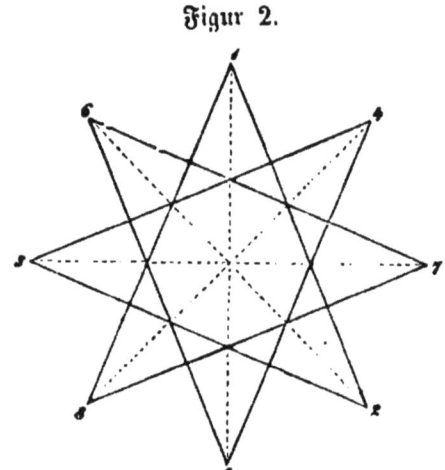

Es leuchtet ein, daß bei dem Fortschreiten des Lehrganges, wo bei reicheren Figuren die krumme Linie mannichfache Anwendung findet, das bloße Diktat nicht mehr hinreicht, sondern die Schultafel aushülflich zu Andeutungen des von dem Lehrer Geforderten benutzt werden muß. Jedoch blos zu Andeutungen, denn ausführliche Tafelzeichnungen, mit dem Diktat Schritt haltend, würden geradezu nachtheilig sein, indem bei Kindern stets die sinnliche Anschauung die geistigen Motive überwiegt. Bei Anwendung solcher Vorzeichnungen zeichnen daher jene Schüler, welche der Tafel gerade oder doch nahezu gerade gegenübersitzen, die Figur richtig, während die andern, je nach Maßgabe ihres seitlichen Sitzes, die ihrem Auge schmäler scheinende Figur zu schmal zeichnen werden, selbst bei wiederholtem Diktate.

Durch dieses Diktatzeichnen gelangen die Schüler zu jenen Eigenschaften, welche dem Lehrer stets erwünscht sein müssen, als: vollständige Uebung der Hand, indem alle erdenklichen Linienrichtungen ohne Drehung des Zeichenbuchs geleistet werden müssen, leichte Hand und blasse Linien, Gewöhnung an stete Aufmerksamkeit auf das Vorliegende nnd an Selbstdenken und Beurtheilen; Fähigkeit, die Raumverhältnisse gegeneinander abzuschätzen und richtig darzustellen; und, was die Gemüthsverfassung des Schülers betrifft: vollständige Naivität bezüglich der ihm neu gereichten Vorlagen, welche er, so einfach sie auch sein mögen (sie sollen stets sehr einfach sein) als etwas ihm Hocherfreuliches aufnimmt.

Jedenfalls wird daher diese Unterrichtsmethode als Vorbildungsstufe zum Zeichnen ersprießliche Dienste leisten.

f) **Das Zeichnen nach der Natur, nach dem Systeme des Peter Schmid in Berlin.**

Während die Vorlage als Vorbereitung für das Zeichnen der plastischen Formen benutzt, und auch faktisch erwiesen wurde, daß auf diesem Wege das angestrebte Ziel mit Sicherheit zu erlangen ist, haben zugleich in anderer Weise die Resultate vielseitiger Versuche dargethan, daß dasselbe auch auf direktem Wege zu erreichen sei.

Der erste, welcher diesen direkten Weg in Vorschlag und zur Einführung brachte, war Peter Schmid in Berlin, der in der ersten Hälfte dieses Jahrhunderts lebte und wirkte, und hierüber eine Anleitung mit 23 Tafeln im Jahre 1830 veröffentlichte.

Durch denselben wurde eine neue Epoche in diesem Unterrichtsgegenstande herbeigeführt, als er das Kopiren verwarf und damit anfing, womit man sonst aufhörte; mit der unmittelbaren Nachahmung der Natur gewann der Zeichnenunterricht an geistiger und belebender Gestaltung.

Indessen fand diese Unterrichtsmethode bei all ihrer Vortrefflichkeit keine weitere Verbreitung, und man kehrte in den Schulen wieder zu dem früheren Kopiren nach Vorlegeblättern zurück.

Nach Peter Schmid's Lehrmethode zeichnen alle Schüler nach einem plastischen Vorbilde, wozu Holzkörper von zweckmäßiger Größe und Beschaffenheit gewählt werden. Dieser Unterricht beruht daher zunächst auf Hinweisung einer durch die Perspektive unterstützten Anschauung.

Der Grundpfeiler dieses Unterrichts bleibt somit die Perspektive, deren Gesetze sich durch die Anschauung bestätigen; dieselbe muß daher gleichsam, wie die Grammatik in den Sprachen, der Anwendung vorausgehen und gründlich, stets dem Entwickelungsgange entsprechend, den Schülern eingeübt werden, bis sie endlich begriffen wird.

Ein richtiges Verständniß der Perspektive auf die leicht faßlichste Weise Jedem beizubringen, wäre somit die Hauptaufgabe dieses Unterrichts, wodurch der Schüler nicht eine mechanische Handfertigkeit, sondern ein Verstehen und Anwenden der Perspektive erlangen soll.

Daß ferner der Perspektive wenigstens die Elementarkenntnisse der Lehre von Grund- und Aufriß vorangehen müssen, unterliegt wohl keinem Zweifel; denn, sowie nebst der Perspektive, auch das Studium der Anatomie dem Künstler für die richtige Darstellung seiner Figuren nothwendig ist, ebenso wird auch durch die Kenntniß der wirklichen Gestaltung eines Körpers seine scheinbare (perspektivische) Darstellung wesentlich erleichtert, und zudem durch Vergleichung beider Projektionsweisen das klare Verständniß des perspektivischen Prinzipes ermittelt werden.

Ein gründliches Studium der Perspektive wird indeß immerhin eine Summe von Kräften beanspruchen, die nur einer gewissen Verstandesreife zugemuthet werden können; ja selbst dem Kunstschüler wird manchmal ein gründliches Studium derselben nicht das leichteste, und viele Künstler ziehen vor, sich ihrem perspektivischen Gefühle allein zu überlassen, wenn sie auch sonst den hohen Werth der Perspektive nicht verkennen.

Das Zeichnen nach Körpermodellen in dieser Weise behandelt, kann daher nur an höheren Schulen mit Erfolg durchgeführt werden, wobei:

1) die entsprechende Vorbildung und
2) eine nicht zu große Schülerzahl vorausgesetzt werden darf.

Letzteres bedingt schon der Umstand, daß beim Zeichnen dieser Körpermodelle mindestens drei Hauptansichten, eine mittlere und zwei seitliche, und außerdem auch noch Nah- und Fernansichten entstehen; weshalb es wesentlich nothwendig wird, wenn der Unterricht für den Schüler gewinnreich werden soll, daß der Lehrer vom richtigen Standpunkte aus, nämlich immer an jedes einzelnen Schülers Platz, das Vergleichen und Korrigiren von dessen Arbeit vornimmt, was jedenfalls nur bei minderer Schülerzahl ermöglicht ist.

Da ferners eine unausgesetzte Uebung nach Körpern von Holz theils ermüdet, theils auch die freie Nachahmung anderer Gegenstände unentbehrlich ist, so dürfte diesen Uebungen das Zeichnen von Gefäßen, Ornamenten ꝛc. nach Gypsmodellen sich anreihen, welches aber am geeignetsten zuerst mittelst des Wandtafelzeichnens vorzubereiten wäre.

**g) Der Unterricht im Zeichnen nach der Methode der Brüder Dupuis in Paris\*).**

Nachdem Ferd. Dupuis, Schüler des berühmten Malers David, auf Anrathen seines Lehrers nebst der Malerei sich auch dem Studium der darstellenden Geometrie mit vollem Eifer unterzogen hatte, wodurch allein ein richtiges perspektivisches Zeichnen und Malen gegründet werden kann, eröffnete derselbe im Jahre 1835 mit seinem Bruder in Paris eine Zeichnenschule für Lehrlinge und Handwerker.

Die anfänglich geringen Leistungen seiner Schüler, auf Unkenntniß der perspektivischen Gesetze beruhend, brachte Dupuis auf den Gedanken seinen Schülern diese für den Unterricht unerläßlichen **geometrischen und perspektivischen Begriffe auf dem Wege der Anschauung und populären Erläuterung beizubringen**, indem weder die Zeit noch die Vorkenntnisse seiner Schüler eine wissenschaftliche Behandlung der darstellenden Geometrie zuließen. —

Hierbei wurde das Zeichnen an der Tafel gänzlich vermieden und statt der Linien weiß angestrichene Stäbe, statt der geometrischen Figuren zusammengesetzte Stäbe, und statt der Körperzeichnung volle Körper oder aus Stäben zusammengesetzte Gerippe derselben in Anwendung gebracht, denen sich dann zum Abzeichnen geeignete Modelle von Gefäßen, Möbeln, Ornamente und andere Gegenstände anreihen.

Diese in einer natürlichen Folge vom Leichtern zum Schwerern abzuzeichnenden Gegenstände werden zu diesem Zwecke auf einen Ständer gebracht, auf welchem eine Zange emporsteht, die auf einer nach allen Seiten drehbaren Kugel in dem Ständer ruht und nach Bedarf höher und niedriger gestellt werden kann.

Zunächst beginnt der Unterricht mit der Abzeichnung der aufgesteckten Modelle in geometrischer Ansicht, wobei die Schüler auf Papier, welches auf einem Reißbrete liegt, das zwischen den Füßen gehalten wird,

---

\*) Nach einem Aufsatz über obige Methode des Direktors A. F. Krech in Berlin.

mit Kohle in größtmöglichem Maßstabe die vor ihren Augen befindliche gerade wagrechte Linie in ihrer ganzen Länge als wagrecht, den Kreis als kreisrund, das Quadrat mit gleichen Seiten und Winkeln u. s. w. aus freier Hand abzeichnen.

Hierauf erhalten die Modelle auf dem Ständer eine allmälige Drehung, wobei die Schüler aufmerksam gemacht, wie sich ihr Bild durch eine schiefe Stellung verändert und so z. B. die wagrechte Linie selbst, wenn sie in ihrer wagrechten Richtung bleibt, perspektivisch gesehen, dem Auge nicht mehr horizontal erscheint, daß sie sich mehr und mehr verkürzt und am Ende zu einem Punkt verschwindet, wenn sie der Richtung der Augenachse näher gebracht wird.

Auf gleiche Weise verwandeln sich vor den Augen der Schüler die Kreise und Quadrate perspektivisch in Ellipsen, in ungleichseitige, spitz- und stumpfwinkelige Vierecke u. s. w.

Diese verschiedenen perspektivischen Ansichten werden ebenfalls durch Abzeichnen eingeprägt und die Zeichnung mit der nothwendigen Erläuterung der vor den Augen vorgegangenen Thatsachen verbunden, so daß den Schülern Horizont, Lichtstrahlen, welche von dem Gegenstande in das Auge fallen u. s. w. und damit die Naturgesetze klar werden, welche die Verschiedenheiten der geometrischen und perspektivischen Ansicht hervorbringen, und die Unterschiede in den Regeln des darauf basirten Zeichnens begründen.

Die mit dieser Grundlage eines Unterrichts über die geometrische und perspektivische Anschauung und über die darauf beruhenden Gesetze des Linearzeichnens vertrauten Schüler konnten ohne Schwierigkeit in den Zeichnenunterricht des jüngeren Bruders, Alexander Dupuis, übergeführt werden, der von dem Grundsatze ausging, daß das Zeichnen nicht durch Kopiren von Vorlegeblättern gelehrt werden könne, sondern daß dem Schüler von Anfang des Zeichnenunterrichts bis zu dessen Ende körperliche Gegenstände, sei es in Gypsmodellen, sei es in der Natur, vorgestellt werden müßten, in deren selbstständigem Abzeichnen er zu üben sei.

In der weiteren Durchführung dieser zweiten Stufe wird, wie bei der ersten, ein bestimmter, natürlicher Gang streng eingehalten und auf die besonderen Wünsche der Schüler aus dem Gewerbestande mit vollem Rechte keine Rücksicht genommen.

Immer wird das Zeichnen als ein Ganzes aufgefaßt, das im Allgemeinen den Geschmack bilden, Einseitigkeit verhüten, die Fähigkeit, neue Formen aufzufassen und selbstständig zu erfinden, verschaffen und endlich die Möglichkeit gewähren soll, von einem Gewerbe in das andere mit Leichtigkeit überzugehen.

Sämmtliche Schüler werden geübt:
1) im Zeichnen von Köpfen nach Gypsmodellen und nach lebenden Modellen;
2) im Zeichnen ganzer menschlicher Figuren nach Gypsmodellen und
3) im Zeichnen der mannichfachsten Zierrathen nach Gypsmodellen.

Ebenso bedient sich Dupuis landschaftlicher Modelle, um das Landschaftzeichnen schulgemäß vorzubereiten.

Für weibliche Schülerinnen, die mit Putzmachen, Sticken und Blumenmachen sich beschäftigen, reiht sich als besonderer Unterrichtszweig das Blumenzeichnen nach einer angemessenen Reihe künstlicher und dann natürlicher Blumen an.

Bei dem Zeichnen der menschlichen Köpfe wird nicht mit dem Einzelnen (Nasen, Ohren u. s. w.), wie gewöhnlich, sondern mit dem Allgemeinen begonnen; nachdem zuerst die Form des Kopfes und Brustbildes in ihren allgemeinsten Umrissen entworfen, wird nach und nach zur Ausführung der einzelnen Theile übergegangen.

Um diesen allmäligen Uebergang von dem allgemeinen Umrisse zur vollständigen Ausführung zu vermitteln, hat A. Dupuis 16 Gypsmodelle von Köpfen mit dem Hals und dem Obertheile der Brust gebildet, welche in vier Abtheilungen zu je vier Köpfen zerfallen.

Jeder dieser vier Abtheilungen gehört ein Kopf an, der aufrecht auf dem Körper steht, ein zweiter Kopf, der sich nach vorn, ein dritter, der sich nach hinten beugt, und endlich ein vierter, der zur Seite geneigt ist, um dem Schüler den Kopf in allen möglichen Stellungen vorzuführen.

In ähnlicher Weise sind Modelle der Hände und Füße, in verschiedener Stellung stufenweise ausgeführt, entworfen.

Die erste Abtheilung enthält die dazu gehörigen Kopfmodelle eines Mannes in den allgemeinsten Umrissen, ohne Andeutung der Haare, Ohren u. s. w.; in der zweiten sind dieselben vier Kopfmodelle mit Andeutung der einzelnen Theile der Hauptformen, jedoch ohne die Einzelnheiten, welche erst in der dritten Abtheilung wiederum an denselben Kopfumrissen ausgeführt erscheinen.

Die letzte Abtheilung enthält vier ganz verschiedene Kopfmodelle:
1) einen Männerkopf, welcher das, was die zwölf Köpfe der drei vorhergehenden Abtheilungen vom Rohesten bis zum Halbausgeführten darstellen, nun bis auf den Ausdruck der Haarbüschel und Muskeln, doch noch nicht mit den feinsten Einzelnheiten ausgearbeitet, vorstellt;
2) einen Jünglingskopf, welcher schon feiner ausgeführt, und
3) und 4) zwei weibliche Köpfe, welche alle feineren Einzelnheiten darstellen, und von denen der Uebergang zur Antike einer- und den verschiedenen gewerblichen Darstellungen anderseits keine Schwierigkeiten darbietet.

Das Modell, welches abgezeichnet wird, steht auf einem Fußgestell, um welches die Schüler halbkreisförmig so herumsitzen, daß der Abstand der Sitze dreimal die Höhe des Modells ohne das Fußgestell beträgt.

Da jeder der Schüler eine andere perspektivische Ansicht des Modells hat, so ist nur die Veränderung des Platzes nothwendig, um dem Schüler eine andere Ansicht desselben Modells zu gewähren.

Die Zeichnungen werden auf farbiges Papier getragen, das wie oben auf einem mit den Füßen festgehaltenen Reißbrete sich befindet, wobei die Umrisse mit Reißkohle entworfen werden, die weitere Ausführung aber mit dem Wischer und schwarzer und weißer Kreide erfolgt, um nicht zu viel Zeit auf das Schattiren zu verwenden.

Die Reißfeder dient dem Schüler zugleich, indem er sie mit ausgestrecktem Arme zwischen sein Auge und das Modell hält, die Größenverhältnisse des letztern in der Luft zu messen, und durch senkrechtes oder wagrechtes Halten derselben mit ausgestrecktem Arme die Neigungswinkel der Flächen und Linien des Modells zu prüfen.

Dies wäre somit im Wesentlichen der Gang und die Methode, welche die Brüder **Dupuis** bei ihrem Unterrichte befolgen, der in Frankreich, Belgien und Deutschland nicht allein an Kunstschulen, sondern auch in gewöhnliche Schulen Eingang gefunden hat.

## Das Zeichnen nach dem Modelle, ohne, und mit vorausgehender Vermittelung des Nachahmens der Bildform.

Während Peter Schmid das Zeichnen nach der Natur auf Grund der Perspektive mittelst Holzkörper einzuführen bemüht war, benützte **Dupuis** nebst diesen, zunächst weißgefärbte Drahtfiguren: Linien, Flächen und Körper so vorstellend, daß z. B. der Würfel durch seine dreimal vier Kanten gebildet ist, und dieser Körper vor der schwarzen Schultafel aufgestellt, wie mit Kreide an der Tafel richtig gezeichnet erscheint.

Zudem suchte er noch durch geeignete Modelle das Kopf- und Figurenzeichnen u. s. w. systematisch anzubahnen.

Das Ganze sowie das Einzelne dieser Dupuis'schen Methode, zeigt einen ruhig fortschreitenden Uebergang von dem Leichten zum Schweren.

Die fertig überlegte Grundidee jeder Abtheilung derselben harmonisch zu einem vollständigen Ganzen abgerundet und durchgeführt, ist nicht so fast für den Kunstschüler, als wie vorzugsweise für die Schule berechnet, wobei zunächst die Schüler durch den Augenschein und durch die Gewöhnung immer das zeichnen, was sie sehen, sowie auch durch die verständige Anleitung des Lehrers zur richtigen Einsicht und Auffassung gebracht werden sollen.

Wenn auch zugegeben werden muß, daß nach dieser Methode Augenmaß und Handgeschicklichkeit in entsprechendster Weise ausgebildet wird, so möchte doch bezweifelt werden, ob auch hierdurch die Ausbildung des Geschmackes, als weitere Aufgabe dieses Schulunterrichts, ebenso vollständig erreicht werden könne.

Durch das Nachbilden der Dupuis'schen Kopfmodelle wird allerdings das richtige Verstehen der perspektivischen Formenverkürzungen, keineswegs aber der Schönheitssinn gefördert werden; für die Erreichung dieses Zweckes werden statt der Modelle jedenfalls Gypsabgüsse antiker Köpfe mehr am Platze sein.

Mag indeß immerhin diese Methode unter Leitung eines einsichtsvollen Lehrers zu guten Erfolgen führen, so wird dennoch gemäß allgemeiner Erfahrung das Nachzeichnen der Bildform vor dem Zeichnen nach Modellen und Naturgegenständen für den Anfänger wesentlich einfacher und leichter sein, und ihm weit weniger Schwierigkeit darbieten als das Abzeichnen eines Modells ohne Kenntniß der Perspektive.

Zudem wäre auch bei Schülern von 8—10 Jahren an Volksschulen eine Durchführung des obigen Systems, selbst bei minderer Schülerzahl, nicht wohl statthaft. Die an der Tafel in geometrischer Ansicht aufgestellten Drahtstäbe, als Linien und Flächenfiguren, worauf sich die ersten Uebungen beschränken müssen, werden jedenfalls, zu diesem Zwecke von dem Lehrer an der Schultafel vorgezeichnet, auch noch den Vorzug haben, daß der Schüler das allmälige Entstehen des Bildes bis zu seiner Vollendung vor sich sieht, und somit beobachten kann, wie man beim Entwurfe desselben zu verfahren hat.

Das Zeichnen perspektivischer Verkürzungen obiger Drahtlinien und Figuren, wodurch ein richtig perspektivisches Sehen entwickelt werden sollte, wird aber vorläufig dem Anfänger zu wenig faßlich sein, und daher einem reiferen Alter vorbehalten bleiben müssen, dem auch die Gesetze der Perspektive anschaulicher gemacht werden können.

Es wäre von der ersten Stufe des Elementarunterrichts der Schule zu viel verlangt, bei Erlernung der Buchstaben und des Lesens, zugleich auch die Grammatik zu vereinen.

Obgleich in der geistlosen Nachahmung aller Arten von Vorzeichnungen und Vorlegeblättern nicht mit Unrecht die Ursache der Erfolglosigkeit des bisherigen Zeichnenunterrichts gesucht wird, so möchte dennoch das Zeichnen nach Wandtafeln und Vorlagen bei zweckmäßiger Behandlungsweise nicht allein als die geeignetste Vorbereitung des Modellzeichnens zu betrachten, sondern auch für die ästhetische Geschmacksbildung nicht leicht zu entbehren sein; indem durch den Einfluß des Nachahmens vorzüglicher Meisterwerke nicht allein der Geschmack entwickelt, sondern auch der höheren Jugendbildung ein künstlerischer Blick erschlossen, während das Freihandzeichnen ohne diese Vorschule, sogleich mit dem Modelle beginnend, nur in verkümmerter Weise sich fortbewegt, dagegen bei Vorübung nach dem Bilde sowohl der Geschmack, als auch die verständige Auffassung des Modells wesentlich gefördert wird.

Deshalb geht selbst in Kunstschulen dem Zeichnen nach der Natur das Studium der besten Werke hervorragender Meister voraus. Wenn somit für den Künstler, der doch eine klare Auffassung besitzen muß, dieser Lehrgang der geeignetste scheint, so dürfte derselbe umsomehr für die Schule maßgebend sein.

Es wird daher unbezweifelt durch die Vorstufe des Wandtafelzeichnens die Dupuis'sche Methode nur an praktischem Werthe zunehmen, und deren Einführung in Schulen hierdurch mehr erleichtert werden.

Indeß läßt diese sowie die Schmid'sche Methode zweckmäßige Modificirungen zu, wie selbe auch von Seite mehrerer einsichtsvollen Lehrer in Anwendung gebracht worden sind, ohne daß hierdurch eine wesentliche Aenderung in dem Systeme entstand.

So hat z. B. Uibelhack\*) in Meiningen schon seit 1836 bei seinem Unterricht statt der P. Schmid'schen Methode ein einziges verhältnißmäßig großes Modell, mit welchem eine ganze Klasse bezüglich Klassenabtheilung beschäftigt wird, in Anwendung gebracht, wobei dieser Unterricht durch das lebendige Wort des Lehrers gehörig unterstützt, auf eine den übrigen Lehrfächern gleichstehende Weise, d. h. methodisch und wissenschaftlich betrieben werden kann, und wodurch der Schüler von Stufe zu Stufe geführt, durch eigene angestellte Beobachtungen und Wahrnehmungen die Erscheinungsgesetze und Hauptregeln der perspektivischen Darstellung klar auffassen und anwenden lernt.

---

\*) Derselbe hat bereits für den Zeichnenunterricht an der Realschule und dem Gymnasium in Meiningen einen Leitfaden für das Modellzeichnen im Schulprogramm vom Jahre 1848 veröffentlicht, und auch denselben in Troschel's Monatsblättern mitgetheilt.

## Der organische Zusammenhang des Zeichnenunterrichts mit den Lehrgegenständen der allgemeinen humanistischen Schulbildung und dessen Vorstufe in der Volksschule.

a) **Grundzüge für eine derartige Methode des Zeichnenunterrichts von Prof. H. Wiebe in Berlin**\*).

Soll in der humanistischen Schule der Zeichnenunterricht, der bisher mehr geduldet als gefördert wurde, nicht isolirt den übrigen Lehrgegenständen gegenüberstehen, so muß vor Allem die Bedeutung des Zeichnenunterrichts an dieser Schule klar erfaßt und dessen organischer Zusammenhang mit den anderen Unterrichtsgegenständen durch zweckmäßig methodische Behandlung gepflegt werden.

Bekanntlich beabsichtigt die humanistische Schule keineswegs die Anstrebung einer speciellen Fachbildung, sondern sie sucht ihren Schülern eine allgemeine Vorbildung zu ertheilen, die sie später geeignet macht, diejenigen Studien und Beschäftigungen zu treiben, zu denen sie Neigung und Lebensberuf hinweisen.

Für die Erreichung dieses Zweckes ist zunächst die erste Aufgabe dieser Schule, den Knaben und den Jüngling an ein richtiges Auffassen, an ein richtiges Verstehen, an ein richtiges Denken, Schließen und Urtheilen zu gewöhnen, wobei die Schule die positiven Kenntnisse, die der Schüler sich anzueignen hat, stets nur als Material betrachtet, an welchem jene Geistesthätigkeiten zu üben sind. Ihre zweite Aufgabe besteht darin, den Schüler zu befähigen, die gewonnenen richtigen Vorstellungen und Urtheile auch richtig wiederzugeben und richtig darzustellen.

Nun dürfte aber gerade die bildliche Darstellung als geeignetes Mittel zur Wiedergabe einer Vorstellung zu betrachten sein, weshalb der Zeichnenunterricht mit den übrigen Lehrgegenständen ein durchaus ebenbürtiger und mit jenen ein organisch verwandter wäre.

Die Aufgabe der Unterrichtsmethode im Zeichnen wäre somit keineswegs die Schüler zu zeichnenden Künstlern zu bilden, sondern sie in der Fertigkeit zu üben ihre eigenen Vorstellungen in richtiger Form deutlich und verständlich wiedergeben zu können, und zwar ohne den darzustellenden Gegenstand oder dessen Zeichnung vor Augen zu haben.

Eine derartige allgemeine Bildung möchte für die künftige Lebensstellung von großem Vortheile, und diese technische Gewandtheit wohl bei allen Schülern zu erstreben sein, während eine schöne Vorstellung in schöner Form, somit ein Kunstwerk zu schaffen, nur dem begabten Künstler vorbehalten bleibt.

Zur Erlangung dieser Gewandtheit wird es hierbei im Ganzen weniger darauf ankommen, daß man Köpfe und Landschaften 2c., nach Vorlagen und nach der Natur richtig zeichnen könne, als vielmehr daß man von Umrissen und Formen, nämlich von Linien, Winkeln, Flächen, Räumen in ihrer Lage zueinander, in ihrer Größe und Richtung, schnell eine richtige Vorstellung gewinne und diese Vorstellung richtig wiederzugeben vermöge.

---

\*) Aus Troschel's Monatsblättern.

Für die allgemeine Schulbildung werden daher nur solche Zeichnenübungen zweckdienlich sein, wodurch die Fertigkeit eigene Vorstellungen richtig darzustellen, gefördert wird.

Jedenfalls müßte schon bei der Vorstufe des Zeichnens dieser Zweck durch eine geeignete Unterrichtsmethode Unterstützung finden; ob aber hiezu die stigmographische Methode, welche nur durch mechanische Mittel eine mechanische Fertigkeit erzielt, oder ob das verwerfliche Verfahren, nach dem Takte, nach Art des amerikanischen Schreibunterrichts, gemeinschaftlich operiren zu lassen, um die Hand für krumme Linien gefügiger zu machen, sich eignen möchte, dürfte sehr zu bezweifeln sein. Eben so wenig aber, als letzteres durch Blechschablonen gebogener Formen zu erreichen ist, wird auch eine massenhafte Linienfabrikation obigem Zwecke entsprechen.

Beachtenswerthe Winke bieten dem Zeichnenlehrer und Pädagogen die Grundzüge für eine derartig zweckentsprechende Zeichnenunterrichts-Methode von Professor Wiebe in Berlin.

Derselbe sagt: „Die ersten Grundlagen für den Zeichnenunterricht sollten schon gelegt werden, wenn die übrigen Elemente für den fernern Unterricht gelegt werden. Das Kind ist sehr geneigt seine Vorstellungen bildlich darzustellen, und thut dies, ehe es schreiben zu lernen beginnt.

„Könnte man nicht gerade Linien üben lassen, ehe man Haar- und Grundstriche üben läßt? würde dies nicht den Unterricht im Schreiben erleichtern? und sind dieselben wirklich ermüdender zu lernen, als die Elemente der Schriftzeichen?

„Man würde eine richtige Haltung des Bleistiftes und des Griffels und eine leichte Handbewegung besser erlangen, als bei der Uebung der Grundstriche, die immer einen gewissen Kraftaufwand bedingen und durch den erforderlichen Druck von Hause aus die Hand schwerfällig machen. Nun würde ich, sobald es angeht, damit beginnen, dem Schüler ein Stäbchen von mäßiger Länge hinzuhalten und ihn veranlassen, eine Linie zu zeichnen, die genau so lang ist; hat er die Linie gezeichnet, so lege ich das Stäbchen darauf, und er wird nun seinen Irrthum selbst sehen; ich lasse nun, nachdem sein Fehler ad oculos demonstrirt ist, die Uebung wiederholen.

„Bei einer größern Zahl von Schülern wird bald ein Wettstreit entstehen, wer am richtigsten die Länge getroffen.

„Nachdem diese Uebungen mit Stäbchen von verschiedener Länge zu einigem Erfolge gediehen sind, zeige ich ein Stäbchen vor; lasse den Schüler dasselbe genau ansehen, verberge es, und lasse ihn die gewonnene Vorstellung von der Länge zu Papier bringen. Hinterher wird immer das Stäbchen auf die Zeichnung gelegt, und so eine Vergleichung der Vorstellung mit der Wirklichkeit ermöglicht. Später werden Uebungen mit aus Papier geschnittenen Quadraten, Rechtecken, Dreiecken in gleicher Weise vorgenommen; sodann in eine Tafel Löcher von der entsprechenden Form ausgeschnitten u. s. w. Diesen Uebungen folgen krumme Linien, dann Winkel, Umrisse von komplicirten Figuren, Ornamente. Immer so, daß nach der Zeichnung das Original darauf gelegt wird, und später so, daß das Original aus der Erinnerung gezeichnet wird, und zwar anfangs nach unmittelbarer Erinnerung, später aus der Erinnerung nach einigen Stunden oder Tagen.

„Nun könnte man dazu übergehen, die Originale, zuerst die Linien, dann die Flächen u. s. w. in verkleinertem Maßstabe des Vorbildes zeichnen zu lassen. Diese Uebungen könnten schließlich auf die Skizzirung von Grundrissen des Schulzimmers, des Schulgebäudes, der häuslichen Wohnung, des Schulweges u. s. w. ausgedehnt werden. Nachdem dies getrieben ist, würde ich zum geometrischen Linearzeichnen übergehen, Linien, Winkel, Flächen (ohne Vorbilder) nach gegebenen Bedingungen zeichnen lassen, dann Körper im Grund- und Aufriß; einfache Schnitte mit Ebenen. Die Schüler werden mittlerweile zu geometrischem Verständnisse entwickelt sein.

„Jetzt würde ich die Grundprinzipien der Perspektive darstellen und nun ähnliche Uebungen, wie früher mit Stäbchen und Flächen in wirklicher Größe, nun in perspektivischer Verkürzung machen lassen; dies führt unmittelbar zur Körperperspektive.

„Das Schattiren in Kreide oder Blei, das Tuschen, Aquarelliren 2c. würde ich aus dem regelmäßigen Lehrplan für den Zeichnenunterricht entfernen und etwa nur für Befähigtere nach Erfüllung der Hauptübungen gestatten. Wer Anlage und Neigung zum Zeichnen hat, kann dies privatim treiben; der Unterrichtsplan darf nicht für einzelne Begabte berechnet werden, sondern so, daß auch die mäßige Befähigung immer noch einigen Erfolg haben kann, bei rechtem Ernste und rechtem Fleiße."

Sollten auch die Grundzüge dieser Methode nicht hinreichend dem angedeuteten Zwecke entsprechen, so wird doch jedenfalls auf diesem Wege der Schüler an richtige Vorstellungen von Größen, Verhältnissen, Umrissen und Formen gewöhnt und derselbe einige Uebung in der Wiedergabe seiner Vorstellungen erhalten, wodurch immerhin eine Mitwirkung zur Erreichung des allgemeinen Schulzweckes durch den Zeichnenunterricht bestehen würde.

Zudem erfordern, wenigstens die ersten Uebungen nach dieser Methode, keineswegs einen Künstler als Zeichnenlehrer, sondern nur einen tüchtigen Lehrer im Allgemeinen.

Wenn nun auch durch diese Anstrebungen eine technische Zeichnen-Gewandtheit der allgemeinen Schulbildung zugeht, die in jedem Lebensberuf von vorzüglichem Werthe ist, so bleibt dem Zeichnenunterricht immerhin noch eine zweite Aufgabe übrig, nämlich auf die ästhetische Bildung fördernd einzuwirken, wobei diese technische Gewandtheit als solides Fundament dienen soll.

Jedoch die Lösung dieser zweiten Aufgabe werden wir später entwickeln.

b) Der erste Zeichnenunterricht in einer Volksschule von Lindig in Eilenburg.

Als zweckdienliche Vorstufe des Zeichnenunterrichts für die allgemeine Schulbildung könnte auch die Methode des Schiefertafel-Zeichnens von Lindig dienen, und deren allgemeine Einführung in Volksschulen sehr zu empfehlen sein. Wir glauben daher dieselbe hier beifügen zu müssen.

„Auf dieser Stufe soll der Schüler mit den Elementen der Formen vertraut werden, die Linien in verschiedenen Richtungen, Maßverhältnissen und Verbindungen richtig auffassen und sie sowohl nach, als ohne Vorbild darstellen lernen.

„Ehe der Schüler das eigentliche Zeichnen beginnt, muß die Unterweisung über die Haltung des Stiftes, der Tafel und des Körpers vorausgehen, und ebenso der Schüler mit den Größenverhältnissen in Bezug auf Zoll und Fuß vertraut werden.

„Die Schüler — Kinder von 7 bis 8 Jahren — haben als Material auf der ersten Stufe zunächst eine Schiefertafel und zwei, wenigstens 4 bis 5 Zoll lange scharfgespitzte Schiefer vor sich liegen.

„Der Lehrer hat darauf zu sehen, daß die Schiefertafel nie fettig, sondern rein und ein Schwämmchen zur Hand sei; daß die Kinder die Tafel nicht zu senkrecht halten, sondern fast wagrecht, etwas schräg mit dem untern Theil an die Brust gelegt.

„Der Schieferstift darf nicht zu fest, aber auch nicht zu leise gehalten werden; im erstern Falle gewöhnt sich der Schüler an zu große Derbheit der Linien, im andern Falle an ein unbestimmtes Zeichnen derselben.

„Der Oberleib muß beim Zeichnen nur ein wenig nach vorn gebogen sein, der linke Unterarm auf der Bank ruhen.

„Auf große Genauigkeit der Zeichnenprodukte ist gleich beim Anfange zu sehen, und darum müssen die ersten zu ersteigenden Stufen so leicht, aber auch so bestimmt als möglich sein. Die Punkte müssen stets sehr klein und sauber, die Linien so fein und gerade als möglich gezeichnet werden.

„Alles, was die Schüler auf dieser Stufe zeichnen sollen, läßt der Lehrer vor ihren Augen an der Wandtafel entstehen. Er bedient sich dazu der Kreide, aber durchaus keiner Hülfsmittel, als Zirkel, Lineal u. s. w.

„Damit die Kinder sich gewöhnen scharf zu sehen, werden die vom Lehrer an die Wandtafel gezeichneten Linien oder Figuren allseitig besprochen und wird darauf gehalten, daß der Schüler sich über das Gelernte mit kurzen Worten deutlich auszusprechen vermag; dadurch gewinnt nicht nur sein Ausdruck an Gewandtheit, sondern auch die Sache selbst in ihm größere Klarheit.

### Erklärung des Maßstabes.

„Damit eine genaue Anschauung der Zolle erzielt werde, hat jeder Schüler einen Maßstab von Pappe oder Holz vor sich, welcher einen Fuß lang und in zwölf Zolle getheilt ist. Jeder Zoll ist wieder in halbe und Viertels-Zolle abgetheilt. Bei dem Gebrauche des Zollstabes ist besonders darauf zu sehen, daß die Schüler nicht mit dem Zirkel oder mit dem Schieferstifte messen, sondern nur mit dem Auge.

„Fragen: Der wievielte Theil eines Fußes ist ein Zoll? Der wievielte Theil sind sechs, drei, vier Zolle? Wie viel Zoll ist euer Schieferstift, euer Tafelrahmen u. s. w. lang? Wie viel Fuß ist die untere Kante der Wandtafel, das Fensterbret, die Bank u. s. w. lang?

„Warum können wir ein Fenster, einen Schrank, ein Haus nicht in ihrer natürlichen Größe auf die Schiefertafel ꝛc. zeichnen? — Wie kann man sich da helfen?

„Merkt! Wenn man eine größere Entfernung oder Linie in einem kleineren Maße darstellt, so zeichnet man sie in einem verjüngten Maßstabe.

„Wann zeichnest du eine Linie in einem verjüngten, wann in einem vergrößerten Maßstabe?

„Merkt! Ihr zeichnet alle Entfernungen und Linien von der Wandtafel auf eure Tafel in einem verjüngten Maßstabe, und zwar alles, was die Größe eines Fußes hat, in der Größe eines Zolles.

„Wie viel Mal also kleiner?

### Die gerade Linie.

#### 1) Punkt. Zwischenraum. Punktreihe.

„Der Lehrer zeichnet an die Wandtafel einen Punkt und fragt: Was ist das? —

„Merkt! Ein Punkt ist das Zeichen für einen Ort oder für eine Stelle auf der Tafel. Er hat weder Größe noch Ausdehnung, nimmt also auch keinen Raum ein.

„Der Lehrer setzt einen zweiten Punkt, welcher vom erstern einen Fuß entfernt ist, a) darüber, b) darunter, c) daneben.

„Wie viel Punkte sind das? — Wie habe ich diesen Punkt zu dem ersten gesetzt? —

„Merkt! Die Entfernung von einem Punkte zum andern oder der Raum zwischen beiden Punkten heißt der Zwischenraum.

„Liegen zwei oder mehrere Punkte so, daß sie in gleicher Richtung stehen, so bilden sie eine Reihe von Punkten oder eine Punktreihe.

„Wird vom Lehrer anschaulich gemacht.

„Setzt zwei Punkte über-, unter-, nebeneinander, welche einen halben, einen ganzen Zoll voneinander entfernt sind. Bildet eine Reihe von vier, fünf, sechs u. s. w. Punkten, welche einen halben, einen Viertels-Zoll voneinander entfernt sind!

„Wie viel Zwischenräume haben zwei, drei, vier u. s. w. Punkte?

#### 2) Die Linie.

„Der Lehrer setzt zwei Punkte in der Entfernung eines Fußes an die Wandtafel und verbindet sie durch eine gerade Linie.

„Merkt! Das Zeichen für den Zwischenraum zweier Punkte heißt eine Linie. Verbinde ich zwei Punkte auf dem kürzesten Wege, so entsteht eine gerade Linie; nimmt die Linie aber nicht den nächsten Weg von einem Punkte zum andern, so entsteht eine krumme Linie.

„Wird vom Lehrer durch Beispiele anschaulich gemacht.

„Merkt! Da, wo eine Linie anfängt, ist ihr Anfangspunkt; und da, wo eine Linie aufhört oder endet, ihr Endpunkt.

„Durch diese beiden Punkte wird die Länge und die Richtung der Linie bestimmt.

„Merkt! Wenn ich eine gerade Linie zeichnen will, so muß ich zuvor den Anfangs- und den Endpunkt setzen.

„Nennt Gegenstände, an denen sich gerade, krumme Linien befinden!

„Setzt einen Punkt und dann einen Zoll weit a) darüber, b) darunter, c) daneben einen andern und verbindet diese Punkte a) durch gerade, b) durch krumme Linien.

„Die Schüler können sich, um eine gerade Linie zu zeichnen, zur Erleichterung den Raum zwischen dem Anfangs- und Endpunkte durch eine Reihe ganz feiner Pünktchen bezeichnen.

### 3) Richtung der Linien.

#### a) Die senkrechte Linie.

„Der Lehrer setzt an die Wandtafel zwei Punkte in senkrechter Richtung, welche einen Fuß von einander entfernt sind, und verbindet sie durch eine gerade Linie. — Das ist eine **senkrechte** oder **lothrechte** Linie.

„Der Lehrer bildet ein Loth, indem er an einen Faden einen Schlüssel oder einen ähnlichen Gegenstand hängt und macht diese Richtung an Gegenständen, z. B. an der Wandtafel, am Schranke u. s. w. anschaulich.

„Nennt Gegenstände, welche eine senkrechte Richtung haben!

„Merkt! Eine senkrechte Linie kann man auf der liegenden Schiefertafel nur liegend darstellen; man muß dieselbe sich als aufrecht stehend denken.

„Setzt zwei senkrechte Punkte, welche einen Zoll von einander entfernt sind, und verbindet sie durch eine gerade Linie! — Wie nennt man eine solche Linie?

„Es kann den Schülern gesagt werden, daß der obere Punkt auch so weit von dem linken oder rechten Tafelrande entfernt sein müsse, als der untere. Sie können aufmerksam gemacht werden, — in Bezug auf die Prüfung, ob der gesetzte Punkt auch wirklich der rechte sei, — daß man die Tafel senkrecht halten, von dem obern Punkte rasch auf den untern blicken und zusehen müsse, ob der obere Punkt, wenn er herunterfiele, auch wohl den untern treffen würde; träfe nun aber der obere Punkt genau auf den untern, so ständen sie senkrecht übereinander.

„Anderer künstlicher Mittel, um die Richtigkeit der Linien zu erfahren, darf sich der Schüler nicht bedienen, denn es kommt bei ihm gar nicht darauf an, was er an Zeichnenprodukten, sondern was er an Zeichnenkraft gewinnt.

„Der Lehrer denke nicht, die Zeit sei verloren, wenn der Schüler in einer Stunde, besonders anfangs, vielleicht nur eine oder zwei Linien zieht, nachdem er vorher mit aller Sorgfalt die bestimmten Punkte gesetzt hat. Viel und gut ist nicht beisammen. Wer viele krumme Linien machen kann, der kann noch keine gerade hervorbringen. Also nicht das viele **schlecht** Zeichnen macht den Zeichner, sondern das viele **gut** Zeichnen. Das Gute gedeihet aber immer langsam. Darum werde der Zeichner gewöhnt, recht langsam zu zeichnen, damit er vorher Alles wohl überdenke.

„Der Lehrer wird nicht unterlassen, sich vorher durch Fragen zu überzeugen, ob der Schüler sich über das, was er zeichnen soll, vollständig klar sei.

„Man mache dem Schüler recht bemerklich, daß es das Wichtigste beim Zeichnen sei, viel zu visiren, zu untersuchen, ob etwas recht oder falsch sei. Die Schüler erleichtern sich diese Prüfung dadurch, daß sie ihre Schiefertafel senkrecht vor sich hinhalten.

#### b) Die wagrechte Linie.

„Der Lehrer setzt an die Tafel zwei Punkte in wagrechter Richtung, die einen Fuß von einander entfernt sind, und verbindet sie durch eine gerade Linie. — Das ist eine wagrechte Linie.

„Merkt! Eine gerade Linie, welche von rechts nach links, oder umgekehrt von links nach rechts geht, ohne sich nach oben oder nach unten zu neigen, heißt eine **wagrechte** oder **wasserrechte** Linie. Wagrecht wird sie genannt nach dem Balken einer gleichstehenden Wage, und wasserrecht nach der Oberfläche eines stillstehenden Wassers.

„Die senkrechte und wagrechte Linie lassen sich an einer Setzwage recht anschaulich machen.

„Nennt Gegenstände, welche eine wagrechte Richtung haben! Wie liegen eure Schiefertafeln, eure Schieferstifte vor euch? Haltet sie senkrecht!

„Setzt zwei wagrechte Punkte, welche einen Zoll von einander entfernt sind, und verbindet sie durch eine gerade Linie! Wie nennt man eine solche Linie?

#### c) Die schräge Linie.

„Der Lehrer setzt endlich an die Wandtafel zwei Punkte in schräger Richtung, welche einen Fuß von einander entfernt sind, und verbindet sie durch eine gerade Linie. Das ist eine schräge Linie.

„Merkt! Jede gerade Linie, welche weder senkrecht noch wagrecht ist, wird eine **schräge** oder **schiefe** Linie genannt.

„Welche Gegenstände haben eine schräge oder schiefe Richtung?

„Setzt zwei Punkte in schräger Richtung, welche einen Zoll von einander entfernt sind, und zwar a) von links oben nach rechts unten und b) von rechts oben nach links unten, und verbindet deren Anfangs- und Endpunkte durch gerade Linien!

Der Lehrer mißt die einzelnen Kanten der Wandtafel, des Thürgerüstes u. s. w., und läßt dieselben im verjüngten Maßstabe darstellen.

### 4) Lage der Linien gegen einander.

„Der Lehrer zeichnet a) mehrere senkrechte, b) mehrere wagrechte, c) mehrere schräge Linien an die Wandtafel, welche $\frac{1}{4}$ oder $\frac{1}{8}$ Zoll von einander entfernt und einen Fuß lang sind.

„Merkt! Zwei oder mehrere Linien können in gleicher Richtung zu einander liegen.

„Liegen zwei oder mehrere Linien so neben einander, daß sie, wie hier an der Wandtafel, überall gleich weit von einander entfernt sind und nie zusammentreffen würden, auch wenn man sie noch so weit verlängern wollte, so heißen sie **gleichlaufende** oder **parallele** Linien. Was sind a, b, c für Parallellinien?

„Zeichnet a) zwei, drei u. s. w. senkrechte, b) wagrechte, c) schräge Parallellinien, welche $\frac{1}{4}$, $\frac{1}{2}$, $\frac{1}{8}$ Zoll von einander entfernt und einen Zoll lang sind.

„Die Anfangs- und die Endpunkte sind vorher genau zu setzen.

„An welchen Gegenständen befinden sich a) senkrechte, b) wagrechte, c) schräge Parallellinien? Zeichnet zwei ungleichlaufende senkrechte, wagrechte, schräge Linien!

5) **Theilung der Linien.**

"Der Lehrer zeichnet an die Wandtafel a) eine wagerechte, b) eine senkrechte und c) eine schräge Linie einen Fuß lang und halbirt sie.

"In wie viel Theile habe ich diese Linie getheilt? Wohin habe ich den Theilungspunkt gesetzt? Wie kann man ihn deßhalb nennen, weil er in der Mitte steht? Wie verhält sich die Länge der beiden Theile zu einander? Was habe ich mit der Linie gethan? u. s. w.

"Merkt! Eine Linie **halbiren** heißt, sie in zwei gleiche Theile theilen.

"Zeichnet a) eine wagerechte, b) eine senkrechte und c) eine schräge Linie einen Zoll lang und halbirt sie!

"Wie lang ist die ganze Linie? Wie lang ist jede Hälfte?

"Merkt! Wenn man eine gerade Linie in vier gleiche Theile theilen will, so setzt man zuerst den Mittelpunkt und theilt dann jede Hälfte wieder in zwei gleiche Theile.

"Theilt eine wagerechte, senkrechte, schräge Linie, welche einen Zoll lang ist, in **vier** gleiche Theile!

"Wie nennt man einen, zwei, drei Theile davon?

"Dasselbe Verfahren wendet man an, wenn man eine gerade Linie in **acht** gleiche Theile theilen will.

"Wie nennt man dann einen, zwei, vier Theile einer solchen Linie?

6) **Von den Winkeln.**

"Der Lehrer zeichnet an die Wandtafel a) einen rechten, b) einen spitzen und c) einen stumpfen Winkel, deren Schenkel einen Fuß lang sind.

"Merkt! Durch Vereinigung der Linien entstehen Winkel, und deren Raum, welcher von den beiden Linien eingeschlossen ist, heißt **Winkel**. Die Linien, welche den Winkel bilden, heißen **Schenkel**. Der Punkt, in welchem die beiden Schenkel sich vereinigen, heißt der **Scheitelpunkt**. Es giebt rechte, spitze und stumpfe Winkel, — siehe a, b, c.

Zeichnet eine einzöllige wagerechte Linie und errichtet a) über deren Anfangspunkt eine einzöllige senkrechte Linie. Was für ein Winkel entsteht dadurch? Zeichnet ferner b) eine einzöllige wagerechte Linie und errichtet über deren Endpunkt — unter deren Anfangspunkt — unter deren Endpunkt eine einzöllige senkrechte Linie.

"Merkt! Da der rechte Winkel immer gleich groß bleibt, so dient er zum Maßstab für andere Winkel. Der spitze Winkel ist stets **kleiner**, als der rechte; der stumpfe hingegen stets **größer**, als ein rechter Winkel.

"Zeichnet eine zweizöllige wagerechte Linie, halbirt sie und errichtet auf deren Mittelpunkt eine einzöllige senkrechte Linie! Wie viele rechte Winkel entstehen dadurch.

"Zeichnet eine einzöllige wagerechte Linie und errichtet auf deren Anfangspunkt eine einzöllige senkrechte. Was für ein Winkel entsteht dadurch? Setzt von dem obersten Punkte der senkrechten Linie rechts $\frac{1}{4}$, $\frac{1}{2}$, $\frac{3}{4}$ Zoll, entfernt einen Punkt und zieht vom Scheitelpunkte bis dahin eine schräge Linie. Wischt die senkrechte Linie weg. Was für einen Winkel habt ihr erhalten? — Warum ist es ein **spitzer Winkel**?

„Zeichnet eine einzöllige wagerechte Linie und errichtet auf deren Anfangspunkt eine ebenso große senkrechte Linie. Setzt vom obersten Punkte der senkrechten Linie links $\frac{1}{4}$, $\frac{1}{2}$, $\frac{3}{4}$ Zoll entfernt einen Punkt und zieht vom Scheitelpunkte bis dahin eine schräge Linie. Wischt die senkrechte Linie weg. Was für einen Winkel habt ihr erhalten? — Warum ist es ein stumpfer Winkel?

„Zeichnet eine zweizöllige wagerechte Linie, halbirt sie und errichtet sowohl über, als unter deren Mittelpunkt eine einzöllige senkrechte Linie. Wie viele rechte Winkel sind dadurch entstanden?

„Nennt Gegenstände, an denen sich rechte, spitze, stumpfe Winkel befinden.

### 7) Die Dreiecke.

„Zeichnet a) einen rechten, b) einen spitzen, c) einen stumpfen Winkel, dessen Schenkel einen Zoll lang sind, und verbindet die noch unverbundenen Enden der beiden Schenkel durch eine dritte Linie.

„Merkt! Eine solche Figur heißt ein Dreieck. Warum wohl? Wie viel Ecken, wie viele Seiten, wie viel Winkel hat ein Dreieck?

„Ein Dreieck ist eine von drei geraden Linien begrenzte Figur!

„Zeichnet a) eine einzöllige — zweizöllige Linie und auf deren Anfangspunkt eine einzöllige senkrechte. Verbindet die beiden Schenkel durch eine schräge Linie!

„Zeichnet b) eine einzöllige — zweizöllige wagerechte Linie und errichtet auf deren Endpunkt eine senkrechte Linie. Verbindet die beiden Schenkel durch eine schräge Linie!

„Zeichnet c) eine einzöllige — zweizöllige wagerechte Linie und errichtet unter deren Anfangspunkt eine einzöllige senkrechte Linie. Verbindet die beiden Schenkel durch eine schräge Linie!

„Zeichnet d) eine einzöllige — zweizöllige wagerechte Linie und errichtet unter deren Endpunkt eine einzöllige senkrechte Linie. Verbindet die beiden Schenkel durch eine schräge Linie!

„Zeichnet e) eine einzöllige — zweizöllige wagerechte Linie, halbirt sie und errichtet auf deren Mittelpunkt eine einzöllige senkrechte Linie. Verbindet die Schenkel durch schräge Linien.

„Zeichnet f) eine einzöllige — zweizöllige wagerechte Linie, halbirt sie und errichtet unter deren Mittelpunkt eine einzöllige senkrechte Linie. Verbindet die Schenkel durch schräge Linien!

„Merkt! Ein Dreieck, in welchem alle Seiten gleich lang sind, heißt ein **gleichseitiges** Dreieck.

„Ein Dreieck, welches lauter ungleiche Seiten hat heißt ein **ungleichseitiges** Dreieck.

„Ein Dreieck, in welchem zwei Seiten gleich sind, heißt ein **gleichschenkliges** Dreieck.

### 8) Die Vierecke.

„Zeichnet a) eine einzöllige wagerechte Linie, errichtet auf deren Anfangspunkt und Endpunkt eine einzöllige senkrechte Linie und verbindet deren oberste Punkte durch eine wagerechte Linie!

„Zeichnet b) eine einzöllige wagerechte Linie, errichtet auf deren Anfangs- und Endpunkte eine zweizöllige senkrechte Linie und verbindet die obersten Punkte dieser beiden Linien durch eine wagerechte Linie!

„Merkt! Eine solche Figur heißt ein Viereck.

„Warum ein Viereck? Wie viel Seiten, wie viel Ecken, wie viel Winkel hat diese Figur? Wie lang ist jede Seite des ersten, des zweiten Vierecks? Wie sind also die Seiten hinsichtlich ihrer Länge? Was für Winkel hat dieses Viereck?

„Merkt! Ein Viereck, das vier gleichlange Seiten und vier rechte Winkel hat, heißt ein Quadrat.

„Zeichnet ein Quadrat, dessen Seiten einen, einen und einen halben, zwei Zoll lang ist! Halbirt jede Seite und verbindet die sich gegenüber liegenden Mittelpunkte durch gerade Linien! Wie viele Quadrate entstehen dadurch wieder in jedem Quadrate?

„Merkt! Die gerade Linie, welche in einem Quadrate aus einem Winkel nach dem gegenüber stehenden gezogen wird, heißt Ecklinie oder Diagonale.

„Zeichnet ein Quadrat, dessen Seiten einen, zwei Zoll lang sind und zieht die Ecklinien oder Diagonalen! Was für Figuren entstehen dadurch im Quadrate?

„Zeichnet eine zweizöllige wagerechte Linie, errichtet auf deren Anfangs- und Endpunkt einzöllige senkrechte Linien und verbindet die obersten Punkte derselben durch eine wagerechte Linie.

„Wie viel Ecken, wie viele Seiten, wie viele Winkel hat dieses Viereck? Welche Seiten in diesem Viereck sind gleich lang?

„Diese Figur ist ein Rechteck und zwar ein liegendes. Merkt! Ein Viereck, das vier rechte Winkel hat, und in welchem zwei sich gegenüber liegende Seiten gleich lang sind, heißt ein Rechteck.

„Zeichnet eine einzöllige wagerechte Linie, errichtet auf deren Anfangs- und Endpunkt zweizöllige senkrechte Linien und verbindet deren oberste Punkte durch eine gerade Linie.

„Merkt! Dieses Rechteck wird ein stehendes Rechteck genannt.

„Zeichnet a) ein liegendes, b) ein stehendes Rechteck, halbirt die Seiten und verbindet die sich gegenüberliegenden Mittelpunkte durch gerade Linien!

„Zeichnet a) ein liegendes, b) ein stehendes Rechteck, und zeichnet in dasselbe Ecklinien oder Diagonalen!

„Zeichnet ein Quadrat, dessen Seiten a) einen, b) zwei Zoll lang sind. Zeichnet in das Quadrat eine Ecklinie von links unten nach rechts oben, verlängert die obere wagerechte Linie nach rechts a) einen, b) zwei Zoll und verbindet diese Linie mit dem Endpunkte der untern wagerechten Linie durch eine schräge Linie, welche mit der Ecklinie parallel läuft.

„Zeichnet ein Quadrat, dessen Seiten a) einen, b) zwei Zoll lang sind. Zeichnet in das Quadrat eine Ecklinie von links oben nach rechts unten, verlängert die obere wagerechte Linie nach links a) um einen, b) um zwei Zoll und verbindet diese Linie mit dem Anfangspunkte der untern wagerechten Linie durch eine schräge Linie, welche mit der Ecklinie des Quadrats parallel läuft.

„Wendet dasselbe Verfahren a) bei einem liegenden, b) bei einem stehenden Rechtecke an!

„Hieran schließt sich das Nachzeichnen geradliniger Aufrisse von einfachen Gegenständen aus der Umgebung an, indem der Lehrer dieselben in einem bestimmten Maßstabe an die Wandtafel zeichnet und von den Schülern in einem verjüngten Maßstabe nachzeichnen läßt.

c) **Das Zeichnen in veränderter Stellung des Originals und das Zeichnen aus dem Gedächtnisse**; entnommen der systematischen Anleitung für den Elementarunterricht im freien Zeichnen an der Volksschule von Jos. Roller in Brünn.

Das Zeichnen in veränderter Stellung des Originals gehört zu jenen freien Zeichnenübungen, welche geeignet sind, die Selbstthätigkeit des Zeichners im hohen Grade anzuregen. Gewöhnlich wurde diese Uebung bisher in der Weise eingeleitet, daß irgend eine Form auf der Tafel gezeichnet, und dann die Aufgabe gestellt wurde, diese Form in irgend einer, zur gegebenen Stellung veränderten Lage nachzubilden, wobei man zumeist nur eine symmetrische, senkrechte oder wagrechte Achse annahm.

Diese Methode kann aber viel allgemeiner aufgefaßt und erweitert durchgeführt werden. Es wird ein Formelement (Theil eines Ganzen) oder eine einfache Verbindung solcher Elemente gegeben; die wichtigsten regelmäßigen Figuren, das Quadrat und der Kreis oder auch deren Theile als Grundfigur angenommen, und die Aufgabe gestellt, unter Benutzung solcher einfacher Elementarformen ein harmonisches Ganze zu bilden.

Ein Beispiel möge zur Erläuterung dieser Andeutungen dienen. Man zeichne auf die Schultafel so groß als möglich ein Quadrat vor, ziehe in demselben die Diagonalen, und zwei aufeinander senkrechte Linien so, daß das ganze Quadrat in acht kongruente Dreiecke (Räume) zerfällt (Fig. 3) und lasse diese Figur von den Schülern recht genau nachbilden. — Der Lehrer zeichnet nun in dem ersten Raum eine Linie, für deren Lage er die nöthigen Anhaltspunkte giebt und von welcher er weiß, daß dieselbe in einer gewissen Weise (d. h. symmetrisch zu den hier vorkommenden Hülfslinien als ebenso vielen symmetrischen Achsen) in dem hier als Grundfigur angenommenen Quadrat angeordnet, ein angenehmes Ganze giebt.

Der Lehrer zeichnet nun nicht weiter, sondern erklärt nur, wie diese Linie in den verschiedenen Räumen zu zeichnen ist, um in dieser Zusammensetzung ein gefälliges Bild zu geben.

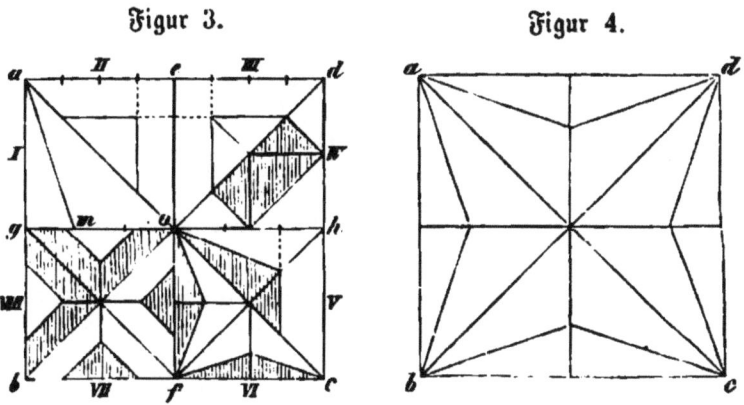

Figur 3.  Figur 4.

In Fig. 3 ist also die Linie a m gegeben. Diese Linie ist nun in den Raum II symmetrisch zu a m zu zeichnen, wobei a o als symmetrische

Achse angenommen wird. Im Raume III ist dieselbe Linie symmetrisch zur Linie a o im zweiten Raum zu zeichnen, wobei wieder e o die symmetrische Achse ist u. s. w.

Fig. 4 versinnlicht die, durch diese Zusammensetzung entstandene Form.

Ist nun der erste Schüler mit seiner Aufgabe fertig geworden, so zeichnet der Lehrer in den zweiten Raum eine Linie zur Nachbildung auf dieselbe Weise vor, nur vergesse er nie die richtigen Anhaltspunkte zu geben. Man sieht also, daß auf diese Weise alle Schüler in fortwährender Thätigkeit erhalten werden, indem immer dem ersten Schüler, welcher die letzte Aufgabe vollendet hat, eine neue Aufgabe im nächsten Raum vorgezeichnet wird. Der Zeichner kann seine Arbeit entweder in dem Raum beginnen, in welchem das Vorbild auf die Tafel vorgezeichnet wurde, oder er fängt jede Aufgabe in dem mit 1 bezeichneten Raum an\*).

Sollten endlich alle acht Räume mit Zeichnungen ausgefüllt sein, was wohl bei der, für diesen Unterricht in der Volksschule karg bemessenen Zeit, und da die fleißigsten Schüler acht Zeichnungsobjekte vollendet haben, einige Wochen dauern dürfte, so macht der Lehrer wieder den ersten und später jeden folgenden Raum mit dem Schwamme rein, um wieder neue Linienverbindungen hineinziehen zu können.

In gleicher Weise können in dem Quadrate auch krummlinige Gebilde entwickelt, und mittelst des Quadrates und Kreises vier- und achtstrahlige Rosetten gezeichnet, sowie das Rechteck als Grundfigur angenommen werden, nur wird hier die Wiederholung der Formenelemente in einer und derselben Richtung gedacht.

Wir legen besonderes Gewicht auf dieses Verfahren des allgemeinen Unterrichtes durch Vorzeichnen auf der Schultafel\*\*).

Es regt ohnstreitig zur lebhaftesten Selbstthätigkeit an, übt das symmetrische Zeichnen in der ausgedehntesten Weise, bildet Augenmaß und Handfertigkeit in sehr kurzer Zeit aus und zwingt den Zeichner unausgesetzt zum Selbstvergleiche.

Die Auffassungs- und Darstellungskraft der Schüler ist eine sehr verschiedene; zeichnet man nur einen Gegenstand auf die Tafel, oder benutzt man eine Wandtafel, auf welcher der Gegenstand schon vollendet gegeben ist, so müßten Schüler, welche eine bessere Auffassung und größere Handfertigkeit besitzen, sehr oft eine gewisse Zeit pausiren, bis die weniger talentirten Zeichner nachgefolgt sind. Dieser Uebelstand, den man bisher als Haupteinwand gegen den allgemeinen Unterricht angeführt hat, wird durch diese angeführte Methode vollständig gehoben.

Durch sie wird es möglich, die befähigten Kinder so weit zu führen, als nur immer möglich ist, ohne daß deshalb die Schwächeren dadurch vernachlässigt werden; ja die moralische Kraft des guten Beispiels wird

---

\*) Fig. 3 stellt zugleich die Ansicht der Grundfigur mit den ersten acht Aufgaben vor, deren Darstellung in bedeutender Vergrößerung gedacht, auf der Schultafel viel klarer aussehen wird, als es hier der Fall ist.

\*\*) Auch kann dieses Verfahren mit der stigmographischen Methode vereinigt, und somit den Schülern der unteren Klassen der Volksschule, die erste Vorübung wesentlich erleichtert werden, wodurch diese stigmographische Behandlung bei dem allerersten Unterricht vorzugsweise geeignet sein dürfte, jene Schwierigkeiten zu beseitigen, welche sich bei der Ueberfüllung unserer Volksschulen in Bezug auf Ordnung und Disciplin hindernd in dem Wege stellen.

hierbei außerordentlich stark wirken; denn jeder Vorurtheilslose muß anerkennen, daß für weniger talentvolle ein gewaltiger Sporn zum Vorwärtsstreben in der jedem Kinde eigenthümlichen Wißbegierde liegt, zu sehen, was die nächste Gruppirung an und für sich ganz elementarer Gebilde bringen dürfte. Es kann also durch diese Methode eine **große Schülerzahl** gleichzeitig und fortwährend beschäftigt werden. Auch für den Lehrer ist diese Art der Leitung des Zeichnenunterrichts weniger anstrengend als jede andere. Ihren Hauptvorzug aber würden wir darin finden, daß jeder Lehrer, wenn er nur einige Darstellungsfähigkeit besitzt, leicht im Stande ist, die Vorzeichnung auf der Tafel herzustellen. — Die Schwierigkeit ist nur dann bedeutend, wenn man ganze symmetrische Gegenstände oder formenreichere freie Gebilde auf die Tafel zu zeichnen hat, da die Vergleichung der Theile mit den Ganzen wegen der Größe des Gegenstandes und der Nähe des Zeichnenden nicht leicht möglich ist.

Mit diesem Verfahren soll aber auch die Uebung im Zeichnen nach Diktaten recht oft in Verbindung gebracht werden und bei schon etwas vorgerückteren Schülern wird es sehr zweckdienlich sein, diese Uebung nach Vorzeichnung an der Schultafel und nach Diktaten, regelmäßig durch das Zeichnen aus dem Gedächtnisse zu unterbrechen.

Der Vorgang dabei kann in folgender Weise eingehalten werden. Der Lehrer zeichne eine einfache, verständliche Form auf die Tafel, lenke die Aufmerksamkeit der Kinder auf die Eigenthümlichkeiten, auf das Charakteristische des Gegenstandes, lasse mit einem Worte, die Form gleichsam auswendig lernen; dann bedecke er die Zeichnung mit einer, für solchen Zweck besonders bestimmten Papptafel, und fordere die Schüler auf, das Bild des Gegenstandes aus dem Gedächtnisse wieder zu geben, wozu jedoch der Lehrer, mit Rücksicht auf die Verschiedenheit der Form, die nothwendigen Andeutungen für den richtigen Entwurf derselben giebt.

Nachdem der größte Theil der Schüler mit der Arbeit fertig geworden ist, enthüllt der Lehrer die Zeichnung, macht in den einzelnen Elaboraten auf die Abweichungen vom Original aufmerksam und fordert die Schüler auf, die Fehler selbst zu verbessern.

Diese Uebungen, wenn sie regelmäßig wiederholt und richtig geleitet werden, sind vorzüglich geeignet, die Aufmerksamkeit der Schüler zu spannen, sie sind hier mittelbar gezwungen die nachzubildenden Gegenstände gut, d. h. mit Bewußtsein zu betrachten.

## Methodische Anleitung zur selbstständigen Komposition des Ornamentes
### von Robert in Paris.

In Nr. 39 des württemberg'schen Gewerbeblattes vom 25. Sept. 1859 brachte Herr Aßfahl in Marktgröningen, durch Roberts Methode angeregt, die Anleitung der Zeichnenschüler zu selbstständiger Komposition von Ornamenten in Vorschlag.

Herr Aßfahl lernte nämlich bei seinen Besuchen des Zeichnenunterrichts in der kaiserlichen Zeichnungs- und mathematischen Schule zu Paris von dem Zeichnenlehrer Robert folgende Methode kennen:

„Derselbe gab in den ersten Lektionen eine kurze Beschreibung derjenigen Pflanzentheile, welche hauptsächlich in der Komposition von Ornamenten verwendet werden. Nachher fing er an, in Gegenwart der Schüler ein einfaches Blatt auf einem großen Rahmen mit zwei Tönen, weiß und schwarz, zu zeichnen. Dasselbe blieb solange aufgestellt, bis die Schüler es abgezeichnet haben konnten, dann folgte ein anderes zusammengesetzteres u. s. f. Von Zeit zu Zeit wurden sogenannte Concours de composition d'ornaments eröffnet.

Der Lehrer stellt ein Programm auf, die Schüler arbeiten nach demselben, und nach einer bestimmten Zeit werden die eingelaufenen Arbeiten verglichen und nach Umständen der ausgesetzten Preise für würdig erklärt."

In Anbetracht, daß diese Einrichtung sich als zweckmäßig empfiehlt, wird die Frage aufgeworfen, ob man bei uns nicht ähnliche Konkurse in den Zeichnungsschulen veranstalten könnte.

„Die Sache ließe sich vielleicht folgendermaßen zweckmäßig einrichten. Um Weihnachten oder zu irgend einer anderen passenden Zeit wird ein Programm für die Komposition ausgegeben. Mit den Arbeiten für die allgemeine Ausstellung von Zeichnungen laufen auch die Kompositionen ein; die beste erhält einen Preis und nach Umständen wird ein Abdruck davon veranstaltet und an die Zeichnungsschulen vertheilt.

Die Sache selbst aber sollte von den Gewerbevereinen ausgehen und zwar so, daß jeder Verein, der irgend einen Preis aussetzen würde, auch das Recht hätte, ein Programm aufzustellen. Es wäre dies zugleich ein Mittel, da und dort das Interesse für das Zeichnen zu beleben oder wach zu erhalten."

---

# Einfluß auf die Hebung des Zeichnenunterrichts durch dessen Stellung an der Schule, und durch des Zeichnenlehrers persönliche Stellung und Bildungsstufe.

Die Aufgabe der Schule kann und soll wohl keine andere sein als die Kraft des Einzelnen in jeder Richtung möglichst zu bilden und zu fördern, damit der von ihr entlassene Jüngling für die Richtung seines künftigen Berufes, welchen er sich nach Neigung sowie gemäß des ihm ertheilten Talentes wählte, eine feste Basis seines weiteren Fachstudiums findet.

Diese Aufgabe kann aber nur dann vollständig gelöst werden, wenn jedem Unterrichtszweige der Schule gebührende Rechnung getragen und jedem eine gleichberechtigte Stellung in dem Unterrichtsplane zugetheilt, somit auch der Zeichnenunterricht gleich den wissenschaftlichen Fächern, gemäß jeder Bildungsstufe organisch sich entwickelt, und derselbe durch die Volksschule begründet, den höheren Schulen sich anschließend in methodischer und wissenschaftlicher Behandlung fortschreitet, und je nach der allgemeinen und speciellen Richtung dieser Schulen die zweckdienlichste Gestaltung annimmt.

Hiebei muß der Zeichnenunterricht nicht als ein isolirtes Nebenfach, das beliebig beigefügt und weggelassen werden kann, betrieben werden, sondern stets als integrirender Theil des Gesammtunterrichts mit diesem in Zusammenhange bleiben, wodurch die Schulbildung sich zu einem Ganzen vervollständigt.

Wenn auch eine derartige Gestaltung in konsequenter Weise bei technischen Schulen sich immer mehr und mehr befestigt, und der große Werth des Zeichnenunterrichts anerkannt und gewürdigt wird, und derselbe als ebenbürtiger Faktor in der Erziehung und Bildung der Jugend als gleichberechtigt mit den übrigen Lehrgegenständen, seine sorgfältige Pflege findet, so ist dagegen bei der allgemeinen humanistischen Schulbildung des Gymnasiums dies weniger der Fall.

Hier bleibt der Zeichnenunterricht im Allgemeinen in ganz untergeordneter Stellung, ein fast aller Beachtung entbehrendes Nebenfach; welches gewöhnlich als gänzlich zwanglos freies Fach behandelt wird, und auch dem Wunsche und dem Geschmack des Gymnasiasten überlassen bleibt, mit was er sich beschäftigen will, ob mit Landschaft- oder Figurenzeichnen ⁊c.

Hiebei gelingt es selbst dem energischen Lehrer nicht immer diese freie Wahl seiner besseren Einsicht unterzuordnen, oder dieses durch Zwang zu erreichen; indem der Schüler dann leicht einen Vorwand findet, um sich des Zeichnenunterrichts zu entziehen.

Auch ist eine systematische Durchführung dieses Unterrichts schon deshalb sehr erschwert, weil gewöhnlich Anfänger und Fortsetzende der niedern und höhern Klassen in ein und derselben Zeichnenstunde unterrichtet werden müssen.

Diese ungünstige Stellung des Zeichnenunterrichts möchte wohl ein Beleg seiner Geringschätzung sein, deren Folge sich auch in der geringen Theilnahme kund giebt, wobei einige aus wirklicher Neigung zu der lieb gewonnenen Zeichnenübung, die Zeichnenstunde besuchen, andere wieder in der Absicht für ihr jetzt schon vorgefaßtes Brodstudium etwas thun zu müssen.

Da jedoch mit dem Gymnasialstudium, dessen Grundlage bekanntlich die Vorbilder des klassischen Alterthums sind, die Elemente der Aesthetik in inniger Verbindung stehen, so sollten bei dieser Geistesgymnastik nicht allein dem jugendlichen Gemüthe die ideale Schönheit des Gedankenfluges der klassischen Poesie erschlossen, sondern auch Gefühl und Sinn für die erhabene großartige Natur, sowie für bildende und darstellende Kunst entwickelt werden, somit Geschmack, Schönheits- und Formensinn geweckt, wodurch diese höhere Bildungsstufe ein harmonisch abgerundetes Ganze bildet.

Die erste richtige Grundlage aber dieser ästhetischen Ausbildung: nämlich aus allen Formen, Farben, Linien das Schöne selbst herauszufinden, kann im Allgemeinen zu allererst und am gründlichsten durch die so leicht zugängliche Zeichnenkunst gepflegt und entwickelt werden, indem der Schüler hierbei zu einem selbständigen Streben zur Bildung schöner Linien angehalten und in ihrem Verständniß gestärkt wird.

Es dürfte daher dem Zeichnen die gleichberechtigte Stellung der übrigen Lehrfächer einzuräumen sein, wobei dann nach einem entsprechenden Lehrgange, dessen Programm wir später darlegen werden, der technische, artistische und wissenschaftliche Theil dieses Unterrichts in vereinigter Weise behandelt werden könnte, wodurch nicht allein die technische Zeichnengewandtheit, Vorstellungen graphisch darzustellen, die Bildung des Geschmacks, sowie auch eine klare Anschauung über bildende Kunst gewonnen würde.

Selbstverständlich wäre hiermit keineswegs die specielle Erziehung des Künstlers beabsichtigt, diese wird und kann nicht Zweck der allgemein humanistischen Schulbildung sein, sondern muß der Fachschule des Künstlers überlassen bleiben.

Diese technisch-artistischen Uebungen durch wissenschaftliche Erläuterungen über Kunst und deren Technik gehörig unterstützt, Geschmack und Liebe zur Kunst überhaupt sowie deren Verständniß erweckend, werden als vorbereitende Grundlage dem Abiturienten des Gymnasiums die akademischen Vorlesungen über Aesthetik und Kunstgeschichte, als auch den Besuch reicher Sammlungen aller Fächer der Kunst interessanter und lehrreicher gestalten.

Hiedurch werden seine Kenntnisse über bildende und darstellende Kunst erweitert und geht durch ein richtiges Verstehen derselben das Fundament zu einer korrekten selbständigen Urtheilsfähigkeit über Kunst und Kunstwerke hervor.

Aber auch für jene, welche das Gymnasium früher verlassen, würde dieser angestrebte Zeichnenunterricht nur vortheilhaft sein.

Die hervorragende Stellung der Kunst und Industrie unserer Tage, mit welcher wohl jeder in Berührung kommen muß, bedingt schon für das Alltagsleben eine gewisse ästhetische Bildung, ohne welche bei jedem erwählten Berufe mehr oder weniger eine Lücke der ersten Schulbildung hervortreten wird, welche später im großen Verkehr mit der gebildeten Gesellschaft zum Vorschein kommt, und oft zu spät, um diese in der Bildung gebliebene Lücke gehörig ergänzen zu können.

Sollte man jedoch die Ergänzung dieser ästhetischen Bildung ohne systematische Grundlage für ein leichtes halten, oder überhaupt dieselbe für entbehrlich finden, so wäre dies eine große Täuschung, die jedoch im Allgemeinen tiefere Wurzeln gefaßt zu haben scheint, als wie bereits diese ästhetische Bildung selbst.

Wie wenige giebt es, die das Schöne und Edle fühlen, selbst sehen, beobachten, forschen und beurtheilen können; weil eben, bei den Meisten die erste Grundlage dieser ästhetischen Bildung vernachlässiget wurde.

Wie häufig wird selbst in der gebildeten Gesellschaft bei Beurtheilung über Kunst und Kunstwerke diese in der Bildung gebliebene Lücke durch Irrthümer und Urtheilslosigkeit, bemerkbar; oder wird in Ermanglung des sachkundigen selbstständigen Urtheils durch Ausbeutung der oft geistlosen Kritik unserer Tagsliteratur, einigermaßen zu verdecken gesucht.

Da nun aber der hohe Werth der Aesthetik allgemein anerkannt, und der große Einfluß, den diese auf Hebung der geistigen und sittlichen Bildung übt, so wie deren materielle Vortheile fürs praktische Leben klar vor Augen liegen, so scheint es jedenfalls geboten derselben eine größere Sorgfalt als bisher zuzuwenden.

Eine tüchtige Ausbildung in der Zeichnenkunst, die Ausbildung des Verständnisses des Schönen, Edlen, und als solches Anerkannten, folglich Klassischen, welche bisher in dem sonst gut geebneten Lehrgange der ersten Jugendbildung zu wenig Beachtung fand, dürfte somit als unumgängliches Erforderniß vollkommener Bildung gehören; abgesehen von dem nützlich Applikativen des Zeichnens für die Praxis jeder Berufsstellung.

Daher dürfte auch demselben fast die gleiche Pflege wie den wissenschaftlichen Fächern gewidmet werden, wobei dann dieser Unterricht nicht mehr der freien Entschließung der Schüler überlassen wäre, indem selbe nicht in dem Alter sind, eine solche fassen zu können, vielmehr das erste erwachende Gefühl für die Wichtigkeit oder Unwichtigkeit irgend eines Lehrgegenstandes stets der Leitung des Lehrers bedarf, der mit Energie dasselbe kräftigt und verbessert.

Deshalb darf auch der Zeichnenlehrer nicht wie bisher als Nebenperson betrachtet werden, und ebenso wenig an Autorität den wissenschaftlichen nachstehen, wenn die Durchführung dieses Unterrichts mit gehörigem Erfolge geschehen soll.

Für die stufenweise Durchführung des Zeichnenunterrichts des Gymnasiums und der technischen Schulen ist es jedoch nothwendig, daß derselbe schon an der Volksschule zur allgemeinen Einführung kommt, und dort beginnend gleich dem Lesen und Schreiben als Elementarunterricht behandelt wird.

Hiebei muß zunächst durch Uebung der Hand und des Augenmaßes die Aneignung des rein technischen des Zeichnens angestrebt und gründlich und nachhaltig betrieben werden, während an der Lateinschule und dem Gymnasium die Zeichenübungen, welche, durch die Lehre der Perspektive und die Erläuterungen über Kunst und deren Technik zugleich unterstützt, die Grundlage der ästhetischen Bildung geben, und an den niedern und höhern technischen Schulen, als: an den Real-, Gewerbs-, und feiertäglichen Fortbildungsschulen, sowie an Baugewerkschulen und Realgymnasien, der Zeichnenunterricht je nach Verhältniß sowohl den artistisch und konstruktiven Theil umfaßt, und somit auch vorzugsweise die darstellende Geometrie als Grammatik des Zeichnens für die Sprache der Technik in sein Bereich zieht.

Deshalb erheischt auch die verschiedene Stufe und Richtung des Zeichnenunterrichts eine besondere Rücksicht für das Studium und die Ausbildung des Zeichnenlehrers, und zwar:

a) hinsichtlich des vorbereitenden Elementarzeichnens an der Volksschule, sowie auch

b) des mehr artistisch wissenschaftlichen Zeichnens an dem Gymnasium, und

c) des artistisch-konstruktiven Zeichnens der technischen Schulen.

A. Da der Zeichnenunterricht an der Volksschule meistens dem Elementarlehrer zugewiesen wird, so muß schon an dem Schullehrer-Seminarium das Zeichnen die zweckentsprechendste Pflege finden, indem hier nebst dem allgemeinen Zwecke des Zeichnens in den Schulen, nämlich: das Auge des Schülers zu öffnen für die Schönheit der Form und der Farbe, ihn aufschauen zu lehren zu den Herrlichkeiten, die ihn umgeben, um somit auch von dieser Seite her sein Gemüth für alles Schöne und Edle zu erwärmen, auch noch der Schüler, wenigstens soweit befähigt werden soll, um in den Elementen des Zeichnens wieder Unterricht ertheilen, und zugleich das Zeichnen als Verständigungsmittel für den elementaren Anschauungs-Unterricht gehörig benützen zu können.

Bei den wenigen Lehrstunden, welche im Seminar diesem Unterrichte zugetheilt sind, wird es aber immerhin schwierig bleiben, obiges Ziel vollständig zu erreichen, und mit einer gewissen Gründlichkeit, die stets hierbei im Auge behalten werden muß, den künftigen Volksschullehrer auf jenen höheren Standpunkt zu erheben, den er als Elementarlehrer über seinen Schülern einnehmen soll.

Indeß möchte wohl folgender Lehrgang der zweckdienlichste hierfür sein, und auch dem reiferen Alter der Seminarzöglinge mehr zusagen, als das gewöhnlich übliche Kopiren nach dem flachen Vorbilde.

Statt eine künstlerische Anstrebung zu verfolgen oder Kunstkraft zu entwickeln, soll hier zunächst:

1) **Der Schüler des Seminars sich die technische Gewandtheit des Tafelzeichnens** aneignen, und zwar nach dem Systeme des erwähnten gegenseitigen Unterrichts, welche ihm in der Praxis nützliche Dienste leisten wird; dem dann

2) **das Zeichnen nach Körpermodellen**, flachen Ornamenten und Gefäßen rc. sich anreiht, wobei die denkende praktische Uebung in der Perspektive und Projektionslehre in Verbindung gebracht, das richtige Verständniß dieses Modellzeichnens erschließt und einfach auch zur Darstellung wirklicher Ansichten und der schönen Natur hinübergleitet, wodurch bei richtiger Behandlung dieser Unterricht dem denkenden Schüler vorzüglich anziehend und belehrend ist, und derselbe hierdurch mit der Theorie des Zeichnens vertraut, jenem höheren Standpunkte zugeführt wird, den er als künftiger Elementarzeichnenlehrer sowie überall, seinen Schülern gegenüber einzunehmen hat.

Von diesem Standpunkte wird ihm dann das gründliche Ertheilen des Unterrichts weit mehr ermöglicht, als durch die bisherigen Uebungen des Seminars nach gezeichnetem Vorbilde. Wozu ihn ferners noch

3) ein theoretischer und praktischer Unterricht in der **Lehrmethodik**, d. h. im didaktischen Verfahren, gehörig unterstützen soll\*).

B. Wenn dem Lehrer des Elementarzeichnens mehr die Geschicklichkeit des Lehrers, als die des Künstlers nöthig, und vorzugsweise die **Unterrichtsmethodik** unentbehrlich wird, die jedoch selbst bei der höheren Stufe des Zeichnens nicht unbeachtet bleiben darf, so erheischt dagegen der mehr **künstlerisch wissenschaftliche Zeichenunterricht des Gymnasiums** eine derartige Ausbildung des Lehrers.

Derselbe hat daher nebst der humanistischen Schulbildung bei seinem künstlerisch akademischen Studium auch noch das Studium der Anatomie, und der darstellenden Geometrie, Perspektive und Schattenkonstruktion, so-

---

\*) Bei diesem Lehrgange würde der künftige Elementarlehrer schon von vornherein für den zu gebenden Elementar- und Zeichnenunterricht durch das praktisch applikative Tafelzeichnen vorbereitet, und ihm zugleich durch die Grammatik des Zeichnens das richtige Verstehen der Darstellungsgesetze erschlossen, wodurch ihm ein gründliches Unterrichten ermöglicht ist, während bei dem bisherigen Lehrgange, ersteres gar nicht berücksichtigt, letzteres aber nur unvollständig erzielt wird. Daher kann auch bei diesem Halbwissen und nothdürftigen Können, das bei ausgesetzter Uebung sehr bald verflüchtigt, eine entsprechende Lehrgeschicklichkeit für den Zeichnenunterricht nicht wohl erwartet werden; weshalb die Einführung des erwähnten Lehrplanes sehr zu empfehlen wäre.

wie Aesthetik und Kunstgeschichte und Kenntnisse der Architektur und der verschiedenen Kunsttechniken zu vereinen; während

C. für den Lehrer der technischen Schulen je nach deren Stufenhöhe, in einem minder oder höheren Grade die künstlerische Ausbildung, und das Studium der Ornamentik, Architektur, Situations- und Maschinenzeichnung, sowie vor Allem die darstellende Geometrie*) mit ihren Zweigen, als: Axonometrie, Perspektive und Schattenkonstruktion, wobei selbst mathematische Kenntnisse nicht ausgeschlossen sind, wesentlich erforderlich ist.

Zudem soll auch der Lehrer höherer Klassen gewerblicher Fortbildungsschulen mit den Bedürfnissen des Technikers vertraut sein, um denselben beim Unterrichte die gehörige Rücksichtnahme zuwenden zu können, und ferners jeder Lehrer mit den als allgemein anerkannten bessern Lehrmethoden und deren Fortschritten genau bekannt sein.

Gleichwie die Hebung der allgemeinen Schulbildung durch den Zeichnenunterricht, eine Gleichstellung desselben mit den wissenschaftlichen Disciplinen bedingt, ebenso wird auch diese Schulbildung durch tüchtige Lehrkräfte am gedeihlichsten gefördert werden.

Wenn nun aber diese Kräfte für den Zeichnenunterricht nicht zahlreich genug vorhanden sein möchten, so wäre dies lediglich in der untergeordneten Stellung des Zeichnenlehrers**) überhaupt zu suchen, welche für den strebsamen Geist eines intelligenten Mannes eben keine besonders anlockende Aussicht eröffnet.

Man fordere Geschicklichkeit und Kenntnisse von dem Zeichnenlehrer, biete dafür aber diesen Anforderungen gegenüber eine verhältnißmäßige Gehaltesstellung, räume nach Leistung und Leistungsfähigkeit dem Zeichnenlehrer gleiche Besoldung, denselben Rang und dieselben Rechte der wissenschaftlichen Lehrer ein, wobei seine Existenz gesichert, und er mit Lust und Liebe sich seinem Berufe mit vollständiger Hingebung widmen kann, und nicht genöthiget ist seine besten Kräfte dem Nebenverdienste zuwenden zu müssen.

Durch diese gehobene Stellung des Zeichnenlehrers wird sich bald die Zahl tüchtiger Lehrkräfte vermehren, und sich Männer dieses Faches finden, die als Zierde jeder Lehranstalt diesen Unterricht zum Gedeihen der Gesammtschulbildung in erfreulicher Weise fördern und heben werden, beson-

---

*) Die darstellende Geometrie für den Zeichnenunterricht die unentbehrlichste Wissenschaft, liefert als Grammatik des Zeichnens die Stützpunkte und Beweise für alle möglichen Fälle des konstruktiven Zeichnens, und will daher von dem Zeichnenlehrer mit Gründlichkeit verstanden sein, damit ihm die Anwendung ihrer Regeln und Gesetze gleich der Grammatik seiner Muttersprache geläufig werde. Es soll daher der diesem Lehrberufe sich Widmende, mit vollem Eifer beim Studium dieser Zeichnenwissenschaft sich unterziehen, was jedoch nicht immer in zureichender Weise geschieht, indem gewöhnlich der künstlerischen Ausbildung Jahre zugewendet, während diesem Studium kaum einige Monate gewidmet bleiben, wobei dann allerdings eine feste Begründung desselben nicht wohl ermöglicht ist.

**) Wenn auch die Zeichnenlehrer des Realgymnasiums und der Gewerbschule sich einer besseren Stellung zu erfreuen haben, und somit in Gehalt und Range den Lehrern der wissenschaftlichen Fächer gleichkommen, so ist dies an dem Gymnasium nicht der Fall, obgleich die Bildungsstufe des Gymnasialzeichnenlehrers in keiner Hinsicht tiefer stehen dürfte.

ders wenn bei Besetzung dieser Lehrstellen stets die Qualifikation des Kandidaten maßgebend bleibt und nicht, wie früher vorgekommen, willkürliche Begünstigung oder persönliche Rücksichtnahme, oft zum Nachtheile der guten Sache, sich geltend machen\*).

---

\*) Selbst zu der Zeit, wo man die Gewerbschulen ins Leben rief, und den hohen Werth des Zeichnenunterrichts kennen mußte, fand bei Besetzung dieser Stellen ein derartiges Verfahren statt. — Als Beleg hierfür mag folgende Thatsache dienen, deren Wahrheitstreue verbürgt werden kann.

N. N. befreundet mit dem Verfasser dieser Abhandlung, beendigte in den dreißiger Jahren seine akademischen Studien in der Haupt- und Residenzstadt eines deutschen Mittelstaates, wobei er sich für das Lehrfach vorbereitend mit besonderem Fleiße und Vorliebe auf das Studium der Zeichnenwissenschaft und Architektur verlegte, und hierfür als Assistent der Freihandzeichnung an dem dortigen Polytechnikum die nothwendige Praxis gewann.

Im Jahre 1833 bestand derselbe den gesetzlichen Konkurs an der Akademie d. b. K. und zwar in der Weise, daß er unter vierzig Konkurrenten, von welchen nur neun den in allen geforderten Gegenständen entsprachen, einen der ersten Plätze errang.

In Folge der Reorganisirung des Polytechnikums wurde bei der geminderten Schülerzahl desselben ein Assistent für Freihandzeichnen überflüssig, und daher N. N. mit dem ehrenvollsten Zeugnisse über seine bisherige nützliche Verwendung dieser Stelle enthoben; wobei er zugleich von Seite des damaligen Direktors v. P. die Zusicherung erhielt, in Bälde der Uebertragung einer Lehrstelle gewärtig sein zu dürfen.

Die sich schnell vergrößernde Schülerzahl der errichteten Gewerbschule machte bald einen zweiten Zeichnenlehrer nothwendig, wozu N. N. von dem Direktor v. P. erwählt wurde. Derselbe hatte jedoch noch nicht seine Einweisung, als inzwischen durch ein Ministerialreskript einem anderen diese Lehrstelle übertragen, und dieser zugleich dem Professor der Freihandzeichnung des Polytechnikums als Gehülfe zugetheilt war. — Durch diese auffallende Begünstigung des plötzlich aufgetauchten Rivalen, von Seite einer hochgestellten Persönlichkeit, ward nun N. N. in rücksichtsloser Weise, trotz seiner ersten Konkurrenznote aus seiner Karriere gedrängt.

Im Jahre 1835 wurde ihm die Zeichnenlehrerstelle der Latein- und der Handwerks-Feiertagsschule, und später 1849 bei Auflösung der ersteren die gleiche Stelle am Gymnasium übertragen, deren geringen Erträgnisse jedoch N. N. nicht entmuthigten mit ganzer Hingebung sich dem Lehrberufe zu widmen.

Die vorzüglichen Resultate seines Unterrichts, sowie seine herausgegebenen Unterrichtswerke, selbst in vielen Schulen des Auslandes eingeführt, erwarben ihm zwar die beifällige Anerkennung hervorragender Autoritäten und Fachmänner, ohne daß man darauf Bedacht genommen bei Besetzung der errichteten Realgymnasiums (1864), ihm eine gemäß seiner Kenntnisse und Lehrpraxis geeignete und wohlverdiente Stellung anzuweisen, um somit das ihm früher zugefügte Unrecht einigermaßen wieder auszugleichen.

Allerdings hat der bescheidene N. N. sich auch nicht mehr um eine derartige Stelle beworben.

**Organische Entwickelung, Stufenabtheilung und Lehrgang des Zeichnenunterrichts in Bezug der allgemeinen und speziell technischen Schulbildung. — Rationell praktische Durchführung dieses Unterrichts und dessen fehlerhafte Behandlung.**

---

Das Zeichnen als Schulunterricht kann bekanntlich nur durch eine methodische und wissenschaftliche Behandlung gefördert werden, wobei jedoch Alles darauf ankommt, daß der Lehrer bei seinen Schülern das Interesse für diesen Unterricht zu erwecken, und dieselben zur Anstrengung ihrer Kräfte anzuspornen versteht, wozu auch seiner Individualität möglichst freier Raum gelassen, damit er innerhalb des allgemeinen, blos in seinen Grundzügen angedeuteten Unterrichtsplanes hinsichtlich der vorzunehmenden Uebungen der aufeinanderfolgenden Stufen, sowie auch rücksichtlich des methodischen Verfahrens, sich mit gehöriger Freiheit bewegen kann.

Daher dürfte es dem strebsamen Lehrer nicht schwierig werden durch geistvolle Behandlung seines Unterrichts bei den Schülern die Lust und Liebe zum Zeichnen zu erregen, um diesen Unterricht zur angenehmsten Lehrstunde zu gestalten, wodurch dann von selbst die Disciplin und die Achtung vor diesem Lehrgegenstande aufrecht erhalten bleibt.

Das Zeichnen, je nachdem hierbei bloßes Augenmaß oder Instrumente: Lineal und Zirkel, in Anwendung kommen, sondert sich in freies, und gebundenes, oder Freihand- und konstruktives Linearzeichnen; wovon jedes für sich allein und auch vereiniget bei graphischen Darstellungen der Kunst und der Technik gebraucht werden; für welche die mathematische Zeichnenwissenschaft, die darstellende Geometrie mit ihren Zweigen, die Gesetze und Regeln bestimmt, und das konstruktive Linearzeichnen gleichsam die Technik des wissenschaftlichen Zeichnens vorbereitet.

Gewöhnlich werden die Uebungen des Freihand- und Linearzeichnens gesondert, und erst später bei dem Fachzeichnen an technischen Schulen in vereinigtem Zusammenhange vorgenommen, wobei diese Uebungen stets durch klare Entwickelung der zeichenwissenschaftlichen Gesetze und Regeln gehörig unterstützt werden müssen, und deren richtige Anwendung nie außer Acht gelassen werden darf.

Die stufenmäßig organische Entwickelung des Zeichnenunterrichts in Rücksicht der allgemeinen und technischen Schulbildung dürfte gemäß vielseitiger Erfahrung sich am zweckentsprechendsten in folgender Weise gestalten.

### Erste unterste Stufe.

a) **Anfangsgründe des Freihandzeichnens.**

Die Elemente der Formenlehre: Gerade Linien in verschiedenen Richtungen, Maßen und Verbindungen, einfach symmetrische Flächenfiguren, verschieden gebogene (krumme) Linien und Zusammensetzungen gerad- und krummliniger Figuren, Bandverschlingungen ꝛc.

b) **Elementares Ornamentenzeichnen.**

Grundzüge, Blattformen und andere symmetrische Ornamenttheile, dann einfach flache Ornamente (Silhouetten) in Umrissen ohne Schattenlinien.

c) **Anfangsgründe des gebundenen Zeichnens.**

Geometrische Konstruktionslehre: Das Fällen eines Perpendikels, Ziehen der Parallellinien, Transportiren und Theilen eines Winkels, Theilung der Linie und Konstruktion der Maßstäbe, der Drei- und Vierecke und regelmäßigen Polygone, die nothwendigsten Aufgaben über den Kreis, Konstruktion der Eilinie, Ovale und Spirale, sowie Zusammensetzungen symmetrischer Figuren und geometrischer Ornamente.

Bei dieser ersten Stufe werden vorzugsweise die Aufgaben von Seite des Lehrers an der Schultafel vorgezeichnet und erläutert.

### Zweite Stufe.

a) **Die ersten Elemente der freien Perspektive.**

Zeichnen nach ebenen Kantenmodellen, z. B. Dreiecke, Vierecke ꝛc. und nach dem Körpermodelle des Kubus, des rechteckigen Parallelepipedon, der regelmäßigen Prismen und Pyramiden, des Cylinders, Kegels und der Kugel, einfach und in Zusammenstellung; mit vorausgehender Erläuterung des Prinzipes der geometrischen und Perspektiv-Projektion, und Entwickelung der wesentlichsten Gesetze und Regeln der geraden und schrägen Perspektiv-Ansicht.

b) **Freihandzeichnen nach Wandtafeln und Vorlegeblättern.**

Einfache schöne Geräthe (Gefäße) in geometrischer Ansicht, Ornamente in Umrissen übergehend zu komplizirteren.

c) **Angewandte Konstruktionslehre.**

Das Konstruiren architektonischer Glieder, Gewölbebogen und der Schneckenlinie des jonischen Kapitäls, der Kegelschnittlinien (Ellipse, Parabel, Hyperbel), der Evolvente, Cykloide, Epicykloide und Hypocykloide und der gothischen Maßwerke.

### Dritte Stufe.

a) **Weitere Uebungen der freien Perspektive** nach gruppirten Körpermodellen in mannichfach wechselnder näheren und entfernteren Stellung, sowie nach wirklichen Gegenständen, z. B. Tische, Bänke, Schränke und dergl., wobei Distanz- und Verschwindungspunkt zu erläutern ist.

b) **Freihandzeichnen:**

1) nach leicht schattirten Ornamentenvorlagen, sowie nach Vasen, Krügen in plastischen Formen und einfachen Ornamentenmodellen.

2) Das Zeichnen von Gesichtstheilen, ganzer Köpfe und anderer Theile des menschlichen Körpers nach Vorlegeblättern, zunächst und hauptsächlich im Umriß, bisweilen mit Andeutung von Schatten.

c) **Gebundenes Zeichnen:**

1) Die Elemente der geometrischen Projektionslehre: Erläuterung der Parallelprojektion und der Projektionsebenen, Betrachtung

von Punkten, Linien und Ebenen bezüglich ihrer gegenseitigen Lage, das Herabschlagen (Umlegen) gerader Linien und ebener Flächen, Darstellung kantiger und krummflächiger Körper (Prisma, Cylinder, Pyramide, Kegel und Umdrehungs- oder Rotationskörper), Drehung der Körper um horizontale und vertikale Achsen und deren Schnitte mit Ebenen.

2) Die Elemente der Schattenkonstruktion: Erläuterung über Licht und Schatten (Kern- und Halbschatten, Reflexlicht und Kontraste), Beleuchtung ebener und krummer Flächen (Einfluß der Entfernung der Fläche und Einfluß der Lage der Lichtstrahlen gegen diese), Bestimmung der Schlagschatten auf die Projektionsebene, Schlagschatten auf ebene und rundflächige Körper. Von der halben Haltung und den Schattenlinien.

3) Die Elemente der Perspektive: Erläuterung der Perspektive oder Centralprojektion, Bestimmung der Perspektive gerader Linien, ebener Figuren, eckiger und runder Körper, mittelst des geometrischen Grund- und Aufrisses, oder mittelst des Grundrisses und Profiles, Bestimmung des perspektivischen Grund- und Aufrisses, gerade und schräge Perspektivansicht, allgemeine Sätze der Perspektive, deren Maßstab und Hülfskonstruktionen.

### Vierte Stufe.

a) Freihandzeichnen:

1) nach reicheren Ornamentenmodellen mit Schattirung, und nach Gypsabgüssen natürlicher Pflanzenblätter, sowie

2) nach Vorlagen ganzer Figuren und Köpfe, Thieren, Blumen und Landschaften.

b) Gebundenes Zeichnen:

1) die angewandte Projektionslehre: von den inneren Ansichten und Durchschnitten, horizontaler Durchschnitt (Grundriß) vertikaler oder Querdurchschnitt hohler Körper, Durchschnitt von Mauern mit Fenster und Thüren ꝛc. und von Gewölben; Durchdringungen der Körper und deren Netzentwickelung, Ausmittlung der Dachflächen, Kurven auf krummen Oberflächen (Schraubenlinie, Schraubenfläche und die Schraube), Darstellung der Wendeltreppe.

2) Die axonometrische Projektionslehre: Erläuterung des Prinzipes der schiefen Parallel- und der axonometrischen (isometrischen, monodimetrischen und anisometrischen) Projektion. Maßstab-Konstruktion der letztern, axonometrische Projektion des Punktes, und von Raumgrößen (begrenzten Ebenen, kantigen und rundflächigen Körpern, und von derartigen Körpern, welche sich durchdringen), deren Hauptdimensionen in den Koordinatenachsen, oder parallel, oder nicht parallel mit diesen liegen. Entnehmen des Maßes aus der axonometrischen Projektion und deren Schattenbestimmung.

c) Fachzeichnen:

1) Situations- oder Planzeichnen: natürliche und Kulturgegenstände der Ebene, Gewässer und unebenes Terrain (Bergzeichnen).

2) Architekturzeichnung: architektonische Gesimse, Säulenordnungen, Grund- und Aufriß und Seitenansicht eines Gebäudes, Details von Fenstern und Thüren, Gewölbe, Dachstühle und Treppen u. s. w. theils nach Vorlage und Wandtafel.

3) **Maschinenzeichnen:** Zeichnen einfacher Körper, Maschinentheile und Maschinen nach einer bestimmten Größe mit Hülfe des wirklichen Maßstabes, wozu dieselben blos in kleinen Skizzen mit eingetragenen Maßen gegeben sind.

### Fünfte Stufe.

a) **Freihandzeichnen:**
1) Das Komponiren des Ornamentes nach Gypsabgüssen natürlicher Pflanzenblätter und
2) das Zeichnen des Kopfes nach dem Gypsmodelle.

b) **Gebundenes Zeichnen:**
1) **angewandte Perspektive:** architektonische Gegenstände, das Aeußere und Innere eines Gebäudes ꝛc., wobei auch die Konstruktion der sogenannten freien Perspektive Anwendung finden soll, Schattenbestimmung bei natürlicher, künstlicher und sekundärer Beleuchtung, Streiflicht und Beleuchtung von vorne und von rückwärts. Abspiegelung im Wasser und Spiegel.
2) Aufnehmen und geometrisches Zeichnen nach Körpermodellen und praktische Anwendungen der Projektionslehre, Schattenkonstruktion und axonometrische Projektion bei dem Bau- und Maschinenfache.

c) **Fachzeichnen:**
1) **Bauzeichnung:** Aufnehmen und Zeichnen nach Modellen, Entwerfen der Fasade eines Gebäudes nach gegebenem Grundrisse und Entwerfen eines einfachen Bauplanes mit allen Detailzeichnungen und Kostenberechnung nach gegebenem Programme.
2) **Maschinenzeichnen:** Aufnehmen und Zeichnen von Maschinentheilen und Maschinen nach dem Modelle, Entwerfen und Konstruiren von Maschinentheilen für bestimmte Zwecke, mit Berechnung ihrer erforderlichen Dimensionen.

---

Bei dieser Stufeneintheilung des Freihand-, gebundenen- und Fach-Zeichnens, wäre nun die erste Stufe a und b, zunächst der Volksschule zugewiesen; das Ornament- und Fachzeichnen, sowie die Projektionslehre vorzugsweise den technischen Schulen, und das Kopf-, Figuren-, Thier- und Landschaftzeichnen und die gebundene Perspektive mehr der gymnasialen Schulbildung zugetheilt, während das Zeichnen nach Körpermodellen beiden Schulrichtungen angehören dürfte. Auch sind bei der 1., 2. und 3. Stufe, a und b für Freihand- und c für gebundenes Zeichnen bestimmt, bei der 4. und 5. Stufe jedoch a dem Freihand-, b dem gebundenen und c dem Fachzeichnen zugewendet.

Was nun aber die praktische Durchführung des stufenmäßigen Lehrganges der speziellen Fächer betrifft, so mögen hier noch einige Andeutungen über richtige und fehlerhafte Behandlung dieses Unterrichts gestattet sein.

## A. Freihandzeichnen.

**1. Erstes Freihandzeichnen (die Elemente der Formenlehre) und perspektivisches Zeichnen nach Modellen.**

### a) Die Elemente der Formenlehre.

Obgleich allgemein anerkannt, daß die ersten Anstrebungen, gleichsam als Vorbereitung für das eigentliche Zeichnen in Uebungen der Hand und des Augenmaßes bestehen müssen, wobei zunächst die Aneignung des rein Technischen angestrebt und dessen Anwendung auf das Künstlerische und Bildnerische vorläufig gänzlich unbeachtet bleiben muß, wenn die Anbahnung des eigentlich angewandten Zeichnenunterrichts in entsprechender Weise erreicht werden soll: so werden dennoch zum großen Nachtheile dieses Unterrichts nicht selten der Begriff der Kunst und des Kunstgemäßen als das, worauf es hier zunächst hinzielte, vorangestellt.

Wenn auch anderseits die durch frühzeitige und gleichmäßig anzustrebende Bildung des Auges und der Hand, wodurch letztere geschickt gemacht, Linien von verschiedener Form und Lage zu zeichnen, und das Auge Befähigung erhält, die Gestalt, die Lage, die verhältnißmäßige Größe jener Linien richtig zu beurtheilen, als wesentliche Grundlage des Zeichnen-Unterrichts betrachtet wird, und auch die gewöhnliche Unterrichtsweise im „freien Handzeichnen" mit diesen Grundsätzen so weit in Einklang stehen, so wird jedoch meistens zu wenig Gewicht auf diese Anfangsgründe im Zeichnen gelegt, und diese Uebungen selten nach einer zweckmäßigen Methode oder in hinreichend ausgiebiger Weise behandelt.

So werden manchmal, selbst in Schulen, diese Vorbereitungsübungen nur flüchtig berührt, und rasch zu dem Landschaftszeichnen, oder überhaupt zu dem Kopiren sogenannter „Originalien" übergegangen, wo dann dieses „Bildchenmachen" als endemische Sucht in der Schule wirkt, die bei den meisten Schülern eine unheilbare Schwäche hinterläßt, und sie dann für den systematischen Zeichnenunterricht sehr häufig unempfänglich macht.

Daß hierdurch der Zeichnenunterricht zur bloßen Spielerei ausartend, in gänzlich falsche Richtung geräth, wobei keineswegs die eigentlichen Fortschritte gefördert, sondern diese nur der Täuschung zugeführt werden; womit in keiner Beziehung etwas gewonnen wird, ist jedem praktischen Lehrer zur Genüge bekannt.

Sehr häufig kommen auch beim Privatunterricht derartige Mißgriffe vor, wo Eltern, denen die nöthige Einsicht der schulgemäßen Bildung des Zeichnens mangelt, die Wahl für dieses oder jenes Fach nach Vorliebe und Geschmack ihres Sohnes treffen, und der Lehrer in seiner abhängigen Stellung, um diesen sonst braven Schüler nicht zu verlieren, dem Wunsche nachzukommen genöthigt ist.

Gleichviel ob nun der Schüler sich einst der Kunst oder der Technik widmet, oder überhaupt das Zeichnen ihm blos als allgemeine Schulbildung gilt, so wird immer dieser erste Vorbereitungsunterricht im Freihandzeichnen mit dem Zeichnen der geometrischen Linien und Figuren beginnen müssen; wobei jedoch die Forderung einer sicheren Hand nicht so weit auszudehnen ist, daß Linien und Kreise von einer Vollkommenheit verlangt werden, als hätte man sich mechanischer Hülfsmittel bedient, und auch zu diesen Aufgaben nie komplizirte Motive, welche mehr in das Gebiet der geometrischen Linearzeichnung gehören, zu wählen sind. Selbstverständlich darf diese Vorstufe des Zeichnens nicht etwa in einer mechanischen Einübung der Hand zur Bildung von geraden und krummen Linien bestehen, sondern erfordert stets die Heranziehung innerer, d. h. geistiger Mitwirkung.

Auch sind diese Vorbereitungsübungen nach dem Alter, Bildungsstufe und der Berufswahl zu modifiziren, und werden in Berücksichtigung der schon vorausgegangenen Uebungen und der Verstandesreife der Schüler mehr oder minder eine Steigerung erhalten müssen.

### b) Perspektivisches Zeichnen nach Körpern.

Das eigentlich **erziehende Element des Zeichnenunterrichts** besteht darin: die sich dem Auge darstellende Erscheinung eines Gegenstandes durch ein Zusammenfügen von Linien auf die Fläche überzutragen, wobei die Zeichnung eines Körpers durch die Darstellung seiner Grenzen, (Flächen, Kanten, Ecken) als Umriß (Kontour) sich ergiebt, durch welchen aber derselbe auf zweifache Weise, nämlich rücksichtlich seiner **wirklichen** und **scheinbaren** Gestaltung dargestellt werden kann; wovon erstere eine **geometrische**, letztere eine **perspektivische** Darstellung genannt wird.

Beide Darstellungsweisen beruhen auf mathematischen und optischen Gesetzen, nach welchen mittelst Lineal und Zirkel geometrische Körper und damit verwandte Körperformen zu konstruiren sind; sehr häufig wird aber auch bei letzterer dieses Konstruiren blos durch Abschätzung der verschiedenen Erscheinungsverhältnisse der Körpergrenzen mittelst des Augenmaßes ausgeführt, wo selbe dann gleichsam als freie Perspektive behandelt, mit dem Zeichnen geometrischer Körper beginnend, die zweite höhere Stufe des Zeichnenunterrichtes bildet.

Um nun aber hiezu eine feste Norm zu finden, nach welcher das Auge des Schülers das richtige Sehen erlernen kann, so muß

1) demselben in einfach leicht begreifbar praktischer Weise klar gemacht werden, wie Linien zur Begrenzung von Flächen sich vereinigen, und wie Flächen zusammentretend, Körper bilden, wobei durch dieses mathematische Begreifen der Dinge dem Verstande eine reiche Uebung geboten, das Vermögen der Anschauung geweckt und gebildet und somit das richtige Betrachten und Verstehen der Formen erreicht werden wird. Zudem ist auch das richtige Erkennen der Stellung im Raume des abzuzeichnenden Gegenstandes nothwendig, daher besonders die Projektionslehre zweckdienlich.

2) Sollen ebenso einfach und praktisch dem Schüler die perspektivischen Gesetze*) erläutert werden, nach welchen diese Formen dem schauenden

---

*) Einfach praktisch kann dem Schüler das Princip der Perspektive und deren Konstruktionen mittelst des sogenannten Glastafelapparates anschaulich gemacht werden. Hiebei ist als Zeichnenebene eine Glastafel in senkrechter Stellung auf einem horizontalen Brete befestigt, und in einiger Entfernung von dieser der Standpunkt und das Auge des Beschauers durch einen senkrechten Stift mit durchlochtem Scheibchen dargestellt, während in gemessener Entfernung hinter der Tafel am geeignetsten ein

Auge erscheinen, und nach welchen das Sichverschieben und Verkürzen der Linien und Flächen, und ebenso die Wirkung der Beleuchtung, des Lichtes und Schattens erfolgt, wodurch dann der Schüler feste Stützpunkte erhält, mittelst welchen er die nach Form und nach Erscheinung verstandenen Gegenstände korrekt darzustellen vermag.

Bei diesem Zeichnen nach dem Modelle ist der Standpunkt des Zeichners in der geeigneten Entfernung zu nehmen, der nach keiner Richtung hin verändert werden darf, wobei auch das Modell die zweckmäßigste Beleuchtung, mehr von oben und möglichst von einem Fenster aus erhalten soll, wozu besonders Fenster mit Nordlicht und geräumiges Schullokal am geeignetsten wären.

Die Modelle selbst sind möglichst groß und von heller Farbe zu wählen, wodurch die Schatten am klarsten ins Auge springen.

. Um das Auge für die richtige Auffassung der perspektivischen Erscheinung zu bilden, und somit den Schüler dahin zu führen, die Gegenstände in einem Bilde so darzustellen, wie sie in der Natur von einem bestimmten Gesichtspunkte aus, und von einer bestimmten Entfernung aus betrachtet, erscheinen, soll zunächst dem Schüler die scheinbare Veränderung, welche die Körper je nach Veränderung des Standpunktes erleiden, praktisch dadurch erläutert werden, indem man diese Körper in allen Wendungen und in verschiedenen Entfernungen vom Augenpunkte stellt, wobei das Zeichnen selbst zuerst mit dem Würfel beginnt, der in gerader Ansicht aufgestellt, wodurch seine vordere Fläche in wirklicher Gestaltung, als Quadrat erscheint.

Den Zeichnenübungen der geraden Ansicht reihet sich dann die der schrägen Perspektive an, wobei keine Fläche des übereck gestellten Körpers in wirklicher Gestaltung, sondern verschoben und verkürzt erscheint.

Von vornherein müssen jedoch diese Zeichnenübungen, nachdem die wichtigsten Sehe-Gesetze begriffen sind, mit der Erklärung des Augen-, Entfernungs- und Accidental-Punktes, der Sehscheibe, der Horizontal- und Grund-Linie begleitet werden.*)

---

kantiger Körper, z. B. ein Würfel von Holz oder Glas, aufgestellt ist, wobei die Lichtstrahlen, welche von diesen Körperecken das Auge des Beschauers in dem Mittelpunkte des erwähnten Scheibchens treffen würden, durch Fäden versinnlicht sind, die an den sichtbaren Ecken befestigt, in gerader Richtung sich in dem erwähnten Mittelpunkte koncentriren, und deren Durchgangspunkte auf der Tafel, welche auf dieser durchlocht sind, das perspektivische Bild des Würfels geben. — Mittelst ähnlicher Apparate können nun die meisten Sätze der Perspektive bildlich vorgeführt werden, wodurch dem Schüler viel leichter ein klares Verständniß derselben ermöglicht wird, als wie durch bloßes Erläutern und Konstruiren der perspektivischen Aufgabe an der Tafel, wobei er gewöhnlich blos den Gang der Konstruktion verfolgt, jedoch über Ursache und Beweisgründe derselben sehr wenig oder gar nicht ins Klare kommt; daher er auch bei der geringsten Aenderung der Aufgabe sich nicht zu helfen, nämlich nicht die hiezu nöthige Konstruktion zu finden weiß, und deßhalb bleibt auch ein derartiger Unterricht für den Schüler werthlos.

*) Wenn auch durch das Visiren mit der Reißfeder, Faden, sowie durch quadratische Netze eines mit Faden überspannten Rahmens, der vor das Modell gebracht, wobei auf dem Papier dieselbe Netztheilung angegeben, das Zeichnen nach dem Modelle erleichtert ist, indem hiedurch die Lage und Verkürzung der perspektivischen Linien bestimmter ersichtlich werden, so können zwar durch diese Hülfsmittel das Augenmaß unterstützt, keineswegs aber hiedurch die Kenntniß der Perspektive umgangen werden, da nur durch diese das auf Verständniß gegründete Können gefördert wird.

Weishaupt's Zeichnenunterricht. 4

Dem Unterrichte dieser Perspektive reihet sich ferner die dazu gehörende perspektivische Licht- und Schattenlehre an; deren Gesetze durch Zeichnen nach Körpermodellen und wirklichen Gegenständen einzuüben sind, wobei jedoch weniger auf sorgfältiges Schattiren, als vielmehr auf das richtige Verständniß des Vertheilens von Licht und Schatten, sowie auf richtige Angabe der Lage und Gestalt des Schlagschattens, und vorzugsweise auf korrektes Zeichnen der Umrisse zu sehen; und wobei auch keineswegs ein mehr malerisches Bild anzustreben ist, als darauf zu sehen, daß es vollkommen richtig sei.

Durch ein derartiges Zeichnen wird sich der Schüler daran gewöhnen, alle Dinge nach dem Zusammenhange ihrer Formen zu betrachten, wodurch er sich deren Erscheinung deutlich vorzustellen vermag, und befähigt wird, diese durch Zeichnung darstellen zu können.

Diese Fähigkeit ist nun für den Handwerker, sowie für den Gelehrten, Geschäftsmann und Offizier von gleichem Werthe, daher auch diesem Unterrichte an dem Gymnasium und der technischen Schule die gleiche Pflege zugewendet werden sollte. \*)

Abgesehen davon, daß ferner noch durch das perspektivische Zeichnen der mathematischen Körper eine klare Anschauung für die geometrische und besonders stereometrische Disciplin gewonnen wird, welche dieses Studium wesentlich erleichtert, so führt dasselbe auch direkt zum Zeichnen nach der Natur und wird überhaupt als Vorbereitung für das Ideale der Kunst und für die ästhetische Bildung stets einflußübend sein, da bekanntlich die in den mathematischen Körpern sich darstellenden Gesetze sich, wenn auch versteckt, in den natürlichen Organismen wiederfinden und den Charakter der äußeren Erscheinung derselben bestimmen.

Es wird daher das Zeichnen dieser Körperformen das Erkennen der Gesetzmäßigkeit der Natur erleichtern und hierdurch die Bildung des Schönheitssinnes fördern.

Zudem fordert dieser Unterricht nur Fleiß und Aufmerksamkeit von den Schülern, ohne ein sogenanntes Talent vorauszusetzen. Der mit Talent begabte aber wird gerade in diesem schulmäßigen Unterrichte die Grundlage finden, die ihm zur freien selbstständigen Entwickelung unentbehrlich ist.

## II. Das Ornamentenzeichnen.

**Elementare und höhere Stufe des Ornamentenzeichnens und Komponiren des Ornamentes.**

### I. Stufe. Elementares Ornamentenzeichnen.

Wenn an und für sich schon die Ornamentik als der Bereich, auf welchem Kunst und Handwerk zunächst einander die Hand bieten, für den Künstler und Techniker von großer Wichtigkeit ist, so bleibt dieselbe für

---

Zudem ist auch das Netzzeichnen wohl das bequemste der erwähnten Hülfsmittel, bei welchem das Nachbilden minder schwierig, die anzustrebende freie Auffassung aber nicht gehörig entwickelt wird, daher dasselbe wenigstens für die höhere Stufe des Modellzeichnens nicht zu empfehlen ist.

\*) Nicht selten findet sich die irrige Ansicht verbreitet, als sei das Zeichnen blos eine mechanische Fertigkeit, wozu nur Materialien und Originale gehören, und das

die allgemeine Schulbildung nicht minder interessant, indem sie den ästhetischen Geschmack und Schönheitssinn bildet und veredelt, und durch Vergleichung ihrer Charakteristik das geschichtliche Studium der Architektur gefördert wird.

Zugleich ist aber auch das Zeichnen des Ornamentes die zweckdienlichste Fortsetzung der Hand- und Augenmaßübungen, indem der Schüler diese stylisirten und stereotypen Formen viel leichter aufzufassen und mit richtigem Verständniß nachzubilden vermag, als wie Gegenstände der Natur, deren Hauptform weniger geometrisch ausgeprägt erscheint, und deren zufällige Formenbildung eine geübtere Auffassungsgabe erheischt, daher auch das Ornament sich den Elementen der Formenlehre am geeignetsten anschließt.

Obgleich das Ornamentenzeichnen, einem mehr künstlerisch technischen Zwecke angehörend, für Schulen anderer Richtung ungeeignet erscheinen möchte, dagegen als Ersatz mit warmer Begeisterung für die Natur, das Landschaftzeichnen empfohlen wird, so bestätigt doch die allgemeine Erfahrung, daß die Landschaft, zwar Jedem ein besonderes Interesse darbietend, wohl der Vorliebe des Schülers, keineswegs aber seiner Fassungskraft entspricht.

Für die Anfangsgründe werden immer greifbare Gegenstände die zweckdienlichsten sein, daher auch den ersten Freihand-Zeichnenübungen das Ornament sich anreiht und später in gesteigerter Weise das Zeichnen von Körpern, Körpergruppen und Gefäßen nach dem plastischen Modelle das geeignetste bleibt, und auch der jugendlichen Fassungskraft mehr zusagt als der weite offene Raum der Landschaft, welcher einen Ueberblick voraussetzt, respektive einen solchen wecken muß, der den jugendlichen Horizont überschreitet.

Schon die erforderliche freie Behandlung des Baumschlags, als wesentlicher Theil der Landschaft ist für den Zweck der ersten Zeichnenübungen ganz unpassend.

Zudem setzt das Landschaftzeichnen nicht allein diese Uebungen als Grundlage voraus, sondern bedingt auch das Zeichnen der menschlichen Figur, sowie Kenntnisse der Perspektive, durch welche das künstlerische Gefühl geweckt und geleitet werden muß, wenn ein entsprechender Erfolg erreicht werden soll.

Wird daher das Landschaftzeichnen, weil es eben mehr Unterhaltung gewährt, zu früh und ohne diese erforderliche Vorbildung begonnen, was zwar sehr häufig vorkommt, so wird dasselbe der Verflachung des Dilettantismus zuführen, wodurch weder für die ästhetische Ausbildung und Entwickelung des Formensinnes, noch für das praktische Leben etwas reelles Brauchbares gewonnen wird.

Das elementare Ornamentenzeichnen als Fortsetzung der ersten Freihand-Zeichnenübung beschränkt sich lediglich auf das Nachbilden einfacher Ornamentenumrisse nach Vorzeichnung an der Tafel und nach der Wandtafel, wozu dann auch später Ornament-Silhouette an der Tafel von Pappe oder Holz rc. zum Nachzeichnen benutzt werden, die als ebenflächig erhabene Ornamente auf die als Grundebene unterliegende Tafel

---

erlernt werden könne wie Schönschreiben, wodurch jedoch in dem Auge des Sachkenners der dieser Kunst und Wissenschaft gebührende Rang und Werth keine Minderung erleiden dürfte

Schlagschatten absetzen, daher bei diesem Umrißzeichnen Schattenlinien anzugeben sind.

## II. Stufe. Das Ornamentenzeichnen nach Vorlagen und Gyps-Modellen.

Mit der zweiten Stufe des Ornamentenzeichnens beginnt in den technischen Schulen die eigentliche Einleitung in das artistische Studium des Ornamentes.

Um Ornamente zeichnen zu lernen, muß man überhaupt Ornamente kennen lernen, und wo immer der Unterricht einen artistischen Zweck verfolgt, ist es nothwendig, daß dem Lernenden das Woher, das Wohin; das Wozu zur völligen Erkenntniß gebracht werde, daß man denselben keinen Schritt vorwärts führe, ohne ihn zugleich über den Lauf des Weges zu orientiren, indem dies die Grundbedingung einer jeden künstlerischen Heranbildung ist, wobei dann auch die praktischen Zeichnenübungen mit dem wissenschaftlichen Theil der Ornamentik Hand in Hand gehen müssen.

Das Ornament in mannichfaltigster Anwendung der meisten Gegenstände des gewöhnlichen Lebens, kommt als dekorativer Theil der Architektur theils in plastischer Form, theils auch als Malerei in schematisch flacher und in plastischer Behandlung vor.

Bei demselben liegt vorzugsweise nur ein Prinzip — der Typus der vegetabilischen Natur — zum Grunde, obgleich hierbei die menschliche Figur und selbst Thiergestalten nicht ausgeschlossen sind, und häufig auch geometrische Körper- und Linienfiguren damit in Verbindung gebracht, oder diese allein zum selbstständigen Ornamente sich gestalten; wobei die vegetabilische Natur des Ornamentes theils in konventioneller Form, theils mehr oder weniger naturalistisch oder stylisirt sich entwickelt.

Alle aus dem Entwickelungsgange der Architektur und Ornamentik entstandenen Stylarten, eine Anfangs-, Blüthe- und Verfallzeit, sowie die Uebergangsperiode zu einem andern Style durchlaufend, entfalteten sich aber um so selbstständiger und charakteristischer, je selbstständiger ein Volk seine geistige Bildung entwickelte, welche Selbstständigkeit besonders in dem griechischen und gothischen Style mit Konsequenz hervortritt. Daher auch vor Allem die antike und mittelalterliche Ornamentik in das Bereich des Unterrichts gehören, der dann auch die zu Anfang des sechszehnten Jahrhunderts auftauchende Renaissance anzureihen ist, wodurch dem Schüler durch Anschauung und Vergleichung die Charakteristik des Styles dieser verschiedenen Hauptperioden der bildenden Kunst vorgeführt, und er zur klaren Einsicht gebracht wird, um die gemeinsame Eigenthümlichkeit in Form und Behandlung der Ornamente ein und desselben Zeitalters genau zu erkennen, oder sie von denen einer anderen Periode richtig zu unterscheiden.

Ohne diese Kenntniß ist ein richtiges Zeichnen des Ornamentes nicht wohl ermöglicht, daher dieselbe theils durch kunstgeschichtliche Erläuterung, theils durch Demonstrationen über vergleichende Charakteristik des Ornamentes an vorzüglichen Mustern der verschiedenen Ornamentenstyle anzustreben ist, wozu besonders eine nach den Zeitperioden geordnete Sammlung derartiger Abbildungen und plastischer Abgüsse am zweckdienlichsten wäre.

Bei diesen Zeichnenübungen wird sehr häufig mit der **gothischen** Ornamentik begonnen, und zwar aus dem didaktischen Grunde, weil die Formen dieser Gattung einen geometrischen Schnitt haben, welcher dem Anfänger ihr Auffassen leicht macht, und es überhaupt sehr geeignet scheint, daß der Schüler ein derartiges Betrachten auf dem ganzen Gebiete der Verzierung festhalte.

Wenn auch dieses Verfahren vollkommen begründet, so möchte es anderseits ebenso gerechtfertigt erscheinen, die **griechische** Ornamentik voranzustellen, indem diese in ästhetischer Hinsicht bei ihrer vollständigsten Entwickelung der Stylisirung allgemein als mustergiltig anerkannt, und wohl von keinem anderen Style hierin übertroffen wurde.

Wenn ferner als wahr angenommen, daß stets die ersten Eindrücke die bleibendsten sind, und daher schon anfänglich beim Unterrichte nur das Vollkommenste voranzustellen sei, so möchte wohl die griechische Ornamentik als erste ästhetische Grundlage um so mehr vorzuziehen sein, da auch ihre Grundformen und Züge sich mit geometrischer Bestimmtheit verfolgen lassen, und überhaupt hierdurch die charakteristische Auffassung der übrigen Stylgattungen wesentlich erleichtert, während bei umgekehrter Behandlung ein genaues Verständniß der Feinheiten des griechischen Styls nicht sonderlich vorbereitet oder gefördert wird.

Zudem ist derselbe auch deshalb für den Anfang geeigneter, weil dessen Charakteristik durch den Umriß vollständig gegeben werden kann, dagegen die sich verkürzenden und hervorragenden Formen der gothischen Ornamentik mehr oder weniger der Modellirung durch Schattiren bedürfen, womit der Schüler erst nach erlangter Gewandtheit im Umrißzeichnen beschäftigt werden soll.

Was die praktische Durchführung dieser Uebungen betrifft, so wird zunächst das korrekte Zeichnen des Umrisses die vorzüglichste Aufgabe bleiben, dem dann ein theilweises Schattiren (einfaches Modelliren der Hauptform), sowie nach vorhergegangenem Zeichnen und Schattiren des geometrischen Körpermodells, das Schattiren in ganzer Haltung, gewöhnlich auf Tonpapier mit schwarz und weißem Stifte sich anreiht, wozu je nach Verhältniß der erzielten Fortschritte Wandtafeln, Vorlegeblätter und Gypsmodelle, vorzüglich mustergiltiger Motive benutzt werden, und wobei, besonders an gewerblichen Fortbildungsschulen, die Wahl der Ornamentik und ihre specielle Anwendung, sowie die geeigneten Zeichnungsweisen je nach dem Bedürfnisse des Technikers nie unberücksichtigt bleiben dürfen.

So wird z. B. dem Gold- und Silberarbeiter ein richtiges Modelliren der Zeichnung schon genügen, während der Dekorationsmaler auch das Studium des Licht- und Schatteneffektes bedarf.

Zudem erfordern die bereits oben angedeuteten Elemente der Verzierung auch das geometrische Zeichnen und bedingen selbst das Kopf-, Figuren- und Thierzeichnen. Ebenso darf die Projektionslehre nicht ausgeschlossen bleiben, um das Ornament in seiner Anwendung auf verschiedene Körperformen richtig darstellen zu können.

Jedoch dies alles wird nicht immer zureichen für die weitere Ausbildung des Technikers, und für diese zugleich das **Modelliren des Ornamentes in Ton** ꝛc. unentbehrliches Bedürfniß werden, welches wieder zuerst nach der plastischen Form, dann nach dem flachen Vorbilde geübt wird.

## III. Stufe. Das Komponiren des Ornamentes.

Nach obigem Lehrgange dürfte zwar der Techniker die nöthige Ausbildung seines Formen- und Geschmackssinnes erhalten, sowie jene Fertigkeit im Zeichnen und Modelliren des Ornamentes, wodurch er befähigt wird nach der Zeichnung des Architekten und Künstlers die charakteristischen Formen gewerblicher Kunstgebilde mit Treue und verständiger Auffassung wiedergeben zu können, was größtentheils für ihn genügen dürfte; allein es bleibt immerhin noch eine höhere Stufe seiner Ausbildung zu ersteigen, nämlich das selbstständige Komponiren oder Entwerfen, was jedoch, je mehr es sich dem Artistischen nähert, nur den mit Kunsttalent Begabten ermöglicht ist.

Indessen wurde in mehreren kunst-gewerblichen Fortbildungsschulen auch diese höhere Stufe angestrebt, und durch erfreuliche Resultate dieser Bestrebungen hinlänglich dargelegt, daß durch methodische Behandlung auch in dieser Richtung der talentvolle Techniker einer gewissen Selbstständigkeit zugeführt werden könne.

Obgleich diese aus der künstlerischen Erfindungsgabe größtentheils selbst hervorgeht, und nur durch eine gründliche Vorbildung, sowie durch das Studium vorzüglicher Meisterwerke dieses Faches seine Richtung erhält, indem überhaupt das eigentliche Komponiren nicht so fast gelehrt werden kann, so wird es dennoch die Aufgabe der Schule sein müssen, den Entwickelungsgang dieser Komponirübungen durch einen systematisch geeigneten Unterricht zu fördern und zu leiten\*).

Hierbei soll der Schüler 1) das wesentlichste Element der Verzierung, nämlich die Pflanze in ihrer natürlichen Gestaltung, vorzüglich aber die Blattbildung derselben mit dem Auge des Bildners und Zeichners betrachten lernen, und zunächst die natürliche Blattform nachbilden; wozu Gypsabgüsse derselben besonders geeignet und sehr leicht zu beschaffen sind;

2) soll derselbe mit den Gesetzen der Stylisirung des Ornamentes vertraut, und ebenso demselben

3) die Gesetze der Aesthetik in Hinsicht der zweckentsprechenden Form, und der hierzu geeigneten Anwendung des Ornamentes klar erläutert werden, und zwar stets je nach dem Zwecke für Plastik oder Malerei ꝛc. mit praktischer Hinweisung auf das Mustergiltige und Fehlerhafte.

a) Das Zeichnen nach dem Gypsabgusse des natürlichen Pflanzenblattes ist für den Ornamentisten von großem Nutzen, indem er hierdurch sowohl die feinere Charakteristik, sowie die geometrische Grundform desselben, und somit auch die des stylisirten Ornamentenblattes genau kennen lernt, und zugleich aus der äußeren Blattform ohne Rücksicht auf deren Auszackungen ein geometrisches Gesetz der Blattbildung erkennen wird, nach welchem er beim Zeichnen dieser Grundform des Blattes die Hauptmassen und Punkte bestimmen kann.

Beim Zeichnen selbst werden vorzugsweise nur die Hauptformen des Blattes durch das Schattiren modellirt. Die kleinen Adern und Neben-

---

\*) Als methodische Anleitung zum Komponiren des Ornamentes möchte wohl das Verfahren von Robert in Paris, das wir bereits (S. 135) mitgetheilt, sehr zu empfehlen sein.

formen desselben aber gänzlich weggelassen, so daß die Zeichnung des Naturblattes mehr plastisch stylisirt erscheint, ohne jedoch den eigentlichen Typus des Ornamentes an sich zu tragen.

Am geeignetsten wähle man hierzu jene Blätter, welche in der Ornamentik benutzt werden, wie z. B. das Ephen-, Wein- und Eichenblatt, das Blatt der wilden Rebe, der Erdbeere, der Distel, sowie das Ahorn und Akanthusblatt u. dergl. Auch nehme man hierzu halbwüchsige Blätter, bei denen der Grundcharakter am entschiedensten ausgeprägt erscheint, der sich in späterer Lebenszeit der Pflanze mehr verwischt und bei manchen Gewächsen z. B. beim Epheu sogar unförmlich wird.

b) Bei der Stylisirung des Ornamentes wird das Pflanzenmotiv eine strengere Regelmäßigkeit und zwar in plastischem nicht naturalischem Charakter erhalten müssen, wodurch es sich der architektonischen Form als ein zusammenhängend organisches Ganze anschließen soll, so daß hierbei die geometrische Grundform alles beherrscht und die in dem bezüglichen Baustyl vorhandene Charakteristik bei Ausarbeitung der Detailformen gewahrt erscheint.

Die Haupterfordernisse der plastischen Architektur-Ornamentik sind: kräftige Plastik, kühne und doch graziöse Schwingung der gehörig zu stylisirenden Einzeltheile, weder Leere noch Ueberfülle in Bezug auf die Anordnung des Ornamentes und seiner Theile und endlich nicht angepappte, sondern herauswachsende Ausbildung desselben, welche das jeweilige Leben und den Zweck des betreffenden Architekturtheils möglichst klar erläutern muß.

Eine besonders mustergiltige Stylisirung entfaltete in einfach ruhiger Haltung die antike griechische Ornamentik, welche geometrisch stylisirt ohne die natürliche Form der Pflanze gänzlich abzustreifen, wobei ihre Formenbildung unter dem architektonischen Kunstgesetze stehend, dennoch durch und durch natürlich erscheint.

Im Allgemeinen ist ferner noch hinzuweisen auf den Werth des Hauptumrisses des Ornamentes, bei welchem jede Ueberfüllung mit kleinen Details in Rippen und Einschnitten der Blattformen, und zu vieles Hintereinanderstellen von Einzelnheiten als die Totalwirkung desselben beeinträchtigend zu vermeiden ist.

Auch bleibt hierbei das Material, nämlich Stein, Holz oder Metall aus dem das Ornament bearbeitet, sowie auch dessen größere oder geringere Fernstellung maßgebend, indem erstere eine weit kräftigere Modellirung erheischt als letztere.

Nächstdem muß auch das Figürliche des Ornamentes im Verhältniß zum Laubwerk stehen, und auch die Einzelnheiten des letzteren mit dem Ganzen verwandt bleiben, so daß nicht etwa Rosen an Traubenblätter angebracht werden, worüber uns alle klassischen Ornamente den besten Aufschluß geben.

Die Ornamentik der Malerei, der Tapete und der Weberei ꝛc. aus Linienfiguren und Blattformen bestehend, ist bei schematisch flacher Behandlung mehr oder weniger stylisirt. Zuweilen werden auch plastisch stylisirte Formen mit naturalistischen in Verbindung gebracht, z. B. in der Dekorationsmalerei, grau in grau gemalte Stukkaturarbeit mit Blumen; daher auch der Maler mit dem Blumenfache vertraut sein muß.

Immer werden jedoch hierbei die ästhetischen und ornamentalen Gesetze der Architektur, mit geeigneter Motivirung gleiche Geltung haben, wie selbe auch für die größtentheils verwandte Formenbildung der Geräthe, Gefäße und andere Gegenstände maßgebend sind.

c) Das ästhetische Gesetz der Schönheit, als Aufgabe der Kunst und Architektur, ist dem Gesetze der schaffenden Natur entnommen, welche ihr volles Genüge darin findet, die ihr vom Schöpfer eingepflanzten Zwecke in immer neuen und doch immer gleich entsprechenden Gebilden mit vollendeter Klarheit zu erfüllen und auszudrücken.

Diese Schönheit ist daher keineswegs nur ein reizvoll willkürliches Formenspiel, oder ein äußerlicher Schein, der Schminke gleich, hinter der sich die Mängel und Gebrechen des Inneren verbergen könnten, sondern sie ist vielmehr der einfache Ausdruck innerer Tüchtigkeit, ihr Reiz ist der Reiz der Gesundheit, und in den scheinbar spielenden Formen, die sie dem Auge darbietet, waltet stets das klare unverbrüchliche Gesetz der Natur, dem jeder leere Prunk und jede Verworrenheit ferne liegt.

Das ästhetische Gesetz äußert sich vornehmlich durch die Bestimmung über die Proportionen, über Form und Farbe und über den Hinzutritt des Gedankens in dem Ornament.

1) Zunächst ist es das proportionirliche gefällige Verhältniß der körperlichen Form, deren Eindruck des Wohlgefälligen und Schönen durch den geeigneten Gegensatz der Körpertheile unter einander hervorgeht, nach welchem Höhe, Breite und Tiefe nie gleiche Maße haben sollen, und ebenso verschiedene Abtheilungen von gleichem Maße an Flächen und Körpern unschön sind.

So z. B. müssen bei einer Vase Kopf, Hals, Körper und Fuß ein proportionirliches Verhältniß zu einander haben.

Hierbei wird es daher immer auf eine Verbindung von Maßen ankommen, die weder der Gleichförmigkeit zu nahe noch zu ferne stehen, wodurch die Gegensätze von Höhe zu Breite und Tiefe, sowie die verschiedenen Gliederungen nach einem bestimmten Gesetze der Harmonie sich ausgleichen, und auch stets an Meisterwerken in dieser Ausgleichung sich zeigen.

Dieses Gesetz der Proportionalität kann zwar durch das in neuerer Zeit entdeckte Grundgesetz des sogenannten goldenen Schnittes\*) vollständig nachgewiesen werden, jedoch wenn auch dessen vielseitige

---

\*) Neue Lehre von den Proportionen des menschlichen Körpers aus einem bisher unerkannt gebliebenen, die ganze Natur und Kunst durchbringenden morphologischen Grundgesetze, entwickelt vom Prof. Dr. A. Zeising. — Leipzig, Rud. Weigel.
In diesem Buche findet sich das Gesetz des goldenenen Schnittes mit Berufung auf die Proportionen der ägyptischen Pyramiden, der altgriechischen Tempel, der gothischen Dome, des menschlichen Körpers in den besten antiken Statuen ausführlich und einleuchtend nachgewiesen.
Das Grundgesetz lautet, daß bei Verschiedenartigkeit des Maßes der kleinere Theil zum größeren sich stets zu verhalten hat, wie der größere zum Ganzen. Das Verhältniß aber der beiden Theile erhält man eben durch den goldenen Schnitt, d. h. auf folgende Weise: Man begrenzt willkürlich eine gerade Linie a b und setzt daran in der Länge ihrer Hälfte eine andere c im rechten Winkel, und bildet sodann durch eine dritte Linie c b (also durch Verbindung der Katheten mit der Hypotenuse) ein rechtwinkeliges Dreieck.
Wiederum trägt man das Maß der kürzeren Kathete a c auf der Hypotenuse c b über, und theilt diese damit in zwei ungleiche Theile c d und d b, von denen man

Anwendung bei großer Konsequenz äußerst überrascht, so wird die Theorie desselben nie für das Schaffen der Kunstgebilde zureichen, und für die Bestimmung der schönen Proportion ein ausgebildetes Kunstgefühl erforderlich sein, welches für die Proportion des menschlichen Körpers einen Anhaltspunkt in der schönen Natur, für architektonische Proportionen aber, denselben an den mustergiltigen Bauwerken finden wird.

2) Die schöne und charakteristische Formenbildung ist allein an die künstlerischen Kräfte, an Phantasie und Formensinn gewiesen, und für die Mannichfaltigkeit der Formen wird niemals ein Gesetz des goldenen Schnittes entdeckt werden können.

Ein wesentliches Gesetz hierfür bleibt jedoch immer, daß dieselbe stets dem Zwecke entsprechend sei, wobei die Hauptform eines jeden Gegenstandes durch ihre schöne und charakteristische Bewegung in dem Hauptumrisse klar hervortritt.

Mit der Form wird dem Gegenstand eine besondere, möglicherweise und größtentheils gegliederte Gestalt gegeben, welche durch Verbindung von geraden und krummen, konkaven und konvexen und ganz runden Flächen gewonnen wird.

Wie bei der Proportion, geht auch hier die Schönheit aus der harmonischen Verbindung der geeigneten Gegensätze hervor. So wie dort eine gänzliche Gleichartigkeit oder eine unverhältnißmäßige Ungleichartigkeit unschön sind, so wird auch hier eine gleichmäßige Verbindung, gleichgiltige, langweilige, eine durchaus ungleichartige aber, häßliche Formen erzeugen.

Indessen stehen Schönheit und Häßlichkeit der Form sehr nahe neben einander, und je nach Verhältniß kann, z. B. bei architektonischen Gliedern oder bei Gefäßen, eine leichte Biegung einer Linie matt oder schwungvoll erscheinen, wobei immerhin noch viele schöne Linien in derselben Richtung neben einander denkbar sind, daher hier der Spielraum sehr groß, und auch dem Charakteristischen sehr verschiedene scharf hervortretende Gegensätze erlaubt sind.

3) Bekanntlich kann durch Farbenwahl und Zusammenstellung die eindringlichste Wirkung hervorgebracht, und durch eine glückliche Anwendung von Farbe selbst eine minder schöne Form ansprechend gemacht

---

sobann das Maß des größeren bd auf die erste Linie ab überträgt, welche damit in zwei ungleiche Theile ae und eb getheilt wird, welche die Proportion des goldenen Schnittes haben.

Dies Verhältniß läßt sich nun auch in Zahlen ausdrücken. Gesetzt den Fall, die Linie ab betrage 8 Fuß, so würde der kleinere Theil ae 3 Fuß, der größere eb, 5 Fuß haben; oder in einer andern Anwendung z. B. bei einem Fenster, einem Rahmen ꝛc. würde das Verhältniß von 3 der Breite zu 5 der Höhe den Anforderungen der Schönheit entsprechen, während das Verhältniß von 3 zu 4, oder zu 3½ einen weniger günstigen Eindruck macht. Dasselbe Gesetz findet seine Anwendung auch auf Kreis- und Kugelformen, bei der Bildung von Ovalen, Ellipsen, wo dann das Verhältniß des längsten und des kürzesten der Durchmesser zu einander maßgebend ist.

Ganz besonders wird es dieses bei der Gliederung eines Gegenstandes in bestimmte Abtheilungen.

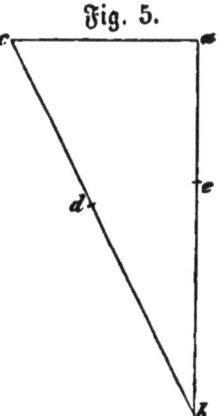

Fig. 5.

werden, während die schönste und geschmackvollste Form durch geschmacklose Farbe unscheinbar, und sogar verdorben wird.

Nach Umständen stehen gewisse Farben harmonisch zusammen, andere wieder nicht, so können auch durch Farbenmischung die Farbentöne ins Unendliche vermehrt, und dieselben durch das Weiß von der höchsten Sättigung bis zur leisen Färbung abgestuft werden, und somit nicht allein die schwächeren Farben unter sich, sondern auch mit der stärkeren verbunden werden, wodurch unberechenbare Farbenverbindungen ermöglicht, die in verschiedenartiger Zusammenstellung eine verschiedenartige Wirkung erzeugen.

So werden auch die Farben in gleichem oder ungleichem Flächenmaß neben einander gestellt, verschiedene Wirkung hervorbringen, und bei zu reichlicher Anwendung der einen, wenn auch harmonischen Farbe, die andere geradezu todt gemacht, während in gehöriger Anwendung durch eine ganz disharmonische Farbe, eine andere durch den scharfen Gegensatz lebendig hervorgehoben wird. So kann auch eine Farbe, die in kleinem Raume brennend wirkt, in großer Masse angewendet sich selbst umbringen.

Hierzu kommt noch die Anwendung von Gold und Silber, als selbständiges Mittelglied zur Farbe, die, wenn auch nicht als Farbe wirken, durch das Hinüberspielen in bestimmte Farben, besonders zu bestimmen, und auch matt oder glänzend zu gebrauchen sind, und deren geschmackvolle Verwendung namentlich von ihrem Viel oder Wenig, sowie von dem Wo? abhängig ist.

Wenn nun auch hierüber sich einige allgemeine Regeln aufstellen lassen, und auch hierfür der Zweck des Gegenstandes maßgebend bleibt, so wird doch vorzugsweise die eigentliche Entwickelung des Farbensinnes und der Farbenharmonie dem richtigen Gefühl und dem guten Geschmacke überlassen bleiben müssen. Immerhin setzt jedoch diese Ausbildung die Anlage des natürlichen Farbensinnes voraus.

4) Bei architektonischen und damit verwandten Formen ist die Ausschmückung, das Ornament im engeren Sinne, als vorzugsweise auf das Auge und Gemüth berechnete Zuthat, die wirksamste; und hierbei hat nebst Gefühl und Geschmack auch der Gedanke Einfluß und Bedeutung.

Zunächst ist die Stelle zu berücksichtigen, an welcher das Ornament angebracht werden soll, die möglicher Weise so verkehrt gewählt werden kann, daß hierdurch der Eindruck des Schönen gänzlich verfehlt wird.

Ebenso kommt auf das richtige Maß des Ornamentes zum Gegenstande sehr viel an. Dasselbe kann zu arm und mager ausfallen, es kann aber auch den Gegenstand in seinem Reichthum ersticken; die rechte Mitte zu finden, ist daher die schwierigste Aufgabe für die Geschmacksausbildung.

So verlangt auch die symbolische Ornamentik, sowie Form und Farbe für kirchliche Gegenstände, eine ernste würdevolle Charakteristik, während diese bei Gegenständen des gewöhnlichen Lebens, je nach dem Zwecke sich sehr verschiedenartig gestalten wird, wobei Schönheit und Humor, schwungvolle Linien und kräftige Gegensätze je nach Umständen sich geltend machen.

Besonders wichtig ist ferner auch die Anordnung und Gruppirung des Ornamentes im Einzelnen, welches stets dem sorgfältig ausgebildeten Geschmacke überlassen werden muß, indem selbst vortrefflich stylisirte Einzelheiten bei ungeschickter Zusammenfügung wirkungslos bleiben.

Diese wesentlichen Gesetze der Stylisirung und Aesthetik sollen nun gehörig motivirt in praktischer Weise durch geeignete Beispiele dem Schüler klar vorgeführt werden, um als allgemeine Stützpunkte für die Richtung der Komponirübungen dienen zu können.

Zugleich wird aber auch das Studium der verschiedenen Ornamentenstyle sehr nützlich sein, indem durch das Vergleichen der abweichenden Auffassung und Benutzung der Natur eine einseitige Befangenheit entfernt gehalten, und ein vorurtheilsloser Sinn erzeugt, woraus sich am ersten eine freie Selbsterfindung entwickeln kann.

Für die praktischen Komponirübungen selbst, werden die Gypsabgüsse natürlicher Blattformen die geeignetsten Motive geben, welche nach dem leitenden Gedankenentwurf einzeln oder in Gruppen gezeichnet und stylisirt werden, und zwar nach der erforderlichen Stellung, um hierdurch eine einheitliche Beleuchtung für die zu schattirenden Blattformen zu gewinnen.

Hierbei werden diese ersten Uebungen mit Zusammenstellungen einfacher Friesverzierungen und Ornamenten in Flächenfiguren ec. begonnen, dem sich das Entwerfen gewerblicher Gegenstände anreihet, wobei stets die für den praktischen Gebrauch geeignete Behandlung des angewandten Ornamentes zu berücksichtigen, und auch der Schüler die Anleitung erhalten soll, wie die zur Ausführung dieser Gewerksgegenstände nöthigen Werkzeichnungen herzustellen sind.

Dem Dekorationsmaler, Manufakturzeichner für Tapete und Weberei ist für seine vollständige Ausbildung, nach erlangter Fertigkeit des Komponirens, auch noch die Farbentechnik nothwendig, wodurch sein Sinn für Effekt und Harmonie der Farben gehörig entwickelt wird.

Wenn auch die Technik des Tuschens und Aquarellmalens hierzu immer nützlich ist, so bleibt doch für diesen Zweck vorzugsweise das Malen mit Deckfarben die geeignetste Technik, wobei gewöhnlich auf Tonpapier mit ähnlichen Farben des Dekorationsmalers gemalt, und hierbei nach Erforderniß die gemischten (gebrochenen) und ungemischten Farbentöne in breiter Behandlung neben einander gesetzt, und ohne weiteres Vertreiben, Verwaschen oder Uebermalen der berechnete Farbeneffekt erreicht werden muß.

Die ersten Studien werden gewöhnlich nach gemaltem Vorbilde derselben Technik vorgenommen, dann das Grau in Grau Malen nach dem Gypsmodelle, und zuletzt das Malen nach der Natur der Blumen und Früchte u. s. w.

Wenn nun aber auch durch eine rationelle methodische Behandlung des Zeichnenunterrichts Jeder, wenigstens einer gewissen Stufe des Zeichnens zugeführt werden kann, und auch durch obigen systematischen Lehrgang der mit Erfindungstalent Begabte sein angestrebtes Ziel erreicht, so wird dennoch selbst der ausgebildete Zeichner ohne dieses Talent wohl den skizzirten Entwurf seines Lehrers auszuarbeiten im Stande sein, keineswegs aber zum selbständigen Schaffen sich erheben können, während das Talent um so leichter dazu gelangt, jemehr ein Lehrer als Meister seines Faches, durch eigene Schöpfungen dem Schüler als Vorbild dienen wird, und er zugleich durch das begeisterte Wort den rechten Sinn, das wahre Verständniß in der jugendlichen Seele zu erwecken und zu beleben versteht.

### III. Das artistische Fachstudium des Freihandzeichnens.

**Das Zeichnen der menschlichen Figur und des Thieres, das Blumen- und Landschaftsfach.**

#### 1) Das Figurenzeichnen.

Sowie der Mensch der König der Schöpfung ist, so ist auch das Zeichnen der menschlichen Figur die schwierigste Aufgabe selbst für den Künstler.

Schon der Ausdruck des Gesichts, auf welchem sich der Charakter und die Leidenschaften so klar darstellen, führt ernste Schwierigkeiten herbei, zu deren Ueberwindung es der ganzen Aufmerksamkeit und des eifrigsten Fleißes des Lernenden bedarf.

Es handelt sich hier nicht mehr um das Nachbilden der stereotypen Form des geometrischen Körpers und Ornamentes — schon bei dem Hauptumrisse des Kopfes sind scheinbare Umrisse in mannichfaltigster Gestaltung charakteristisch aufzufassen und zur verständlichen Darstellung zu bringen.

Selbst bei dem vorausgegangenen Elementarzeichnen wird es daher immerhin noch eines künstlerischen Augenmaßes und Gefühles bedürfen, um die menschliche Figur als Inbegriff der höchsten Schönheit in der Natur, von der gleichsam alles Schöne ausgeht, mit richtigem Verständnisse nachbilden zu können.

Auf dem Standpunkte dieser höheren Stufe ist es aber auch dem Schüler ermöglicht, jedes andere Fach des Freihandzeichnens ohne alle Anleitung von selbst zu erlernen.

Dieser Unterricht bereits durch das elementare Freihandzeichnen vorbereitet, beginnt gewöhnlich mit den Gesichtstheilen und dem Kopfe, und schließt, allmälig von diesem zu den kleineren und größeren Theilen des menschlichen Körpers fortschreitend, mit dem menschlichen Körper als einem Ganzen selbst, wozu meistens anfänglich Vorlegeblätter, dann später Gypsmodelle benutzt werden.

Wenn es aber überhaupt Grundsatz ist, jeden ersten Unterricht aus den besten, sorgfältigst gewählten, reinen Quellen herzuleiten, weil die ersten Eindrücke überall die stärksten sind, und nie verlöschen, so wird die Festhaltung dieses Grundsatzes auch bei den zeichnenden Künsten streng nothwendig und unentbehrlich sein, indem immer da, wo die Quellen dieses ersten Unterrichts ohne Wahl und gleichgiltig behandelt werden, der Schüler nicht leicht mehr sich in seinem Fache auf den Stand einer freien und klaren Bewegung emporzuarbeiten vermag.

Hierbei ist es nicht möglich, und könnte sogar verderblich werden, den Schüler geradezu an die Natur zu weisen, und ihm diese als Muster aufzustellen.

Die Natur zwar überall groß und schön, ist jedoch nicht überall ein passendes Vorbild für die Kunst, und somit nicht überall für diese schön und groß.

Das Kunstschöne in der Natur bedarf daher einer Auswahl, wozu Kenntnisse und ein gebildeter Geschmack gehören.

Dieser Geschmack, oder die zum Schönheitsgefühl erhobene Fertigkeit, für irgend einen Akt die schöne Natur zu finden, zu ordnen und darzustellen — kann nicht Sache des ersten Unterrichts sein, es ist vielmehr die Errungenschaft des vollendeten Schülers und des Meisters.

Der Schüler kann daher bei dieser ersten Stufe des Unterrichts nicht direkt an die Natur oder gar an die Werke der alten Griechen gewiesen werden, wodurch Irrthümer von allen Seiten entständen, deren los zu werden oft gar nicht, oft nur mit jahrelangen Kämpfen gelingen dürfte.

Für den Anfänger sind die **Modelle** vorzugsweise bei anerkannten Meistern, wie z. B. Raphael aufzusuchen, bei Meistern, welche mit Würde und Anmuth vor der Natur wie vor den vollendeten Kunstwerken der Griechen standen, welche die Natur und die Antike — erfaßten, erkannten und gleichsam vereinigten, und diejenigen Werke erschufen, welche als klassisch allgemein bewundert werden.

Da die Schönheit einer Zeichnung bekanntlich auf einem festen und geschmackvollen Umrisse ruhet, und der Umriß in der Zeichnung die Schönheit in der wahren, nackten Form ist, bei welcher keine Lüge, kein falscher Schmuck, keine Effekthascherei sich geltend machen kann, so muß es hier besonders die Hauptaufgabe des Unterrichts sein, den Schüler auf den Umriß als die Basis aller Schönheit einer Zeichnung zu führen, wobei der Schatten nur da anzugeben, wo derselbe zur Richtigstellung und Vollendung des Umrisses nothwendig ist.

Die Schönheit des menschlichen Körpers selbst hängt bekanntlich größtentheils von den schönen Verhältnissen der einzelnen Theile unter sich ab.

Diese Verhältnisse findet man nirgends besser beobachtet, als in den bewundernswürdigen Statuen der alten Griechen, oder den sogenannten Antiken.

Die Formen ihrer Götter und Helden sind das Vollendetste, was je von Menschenhänden in dieser Art hervorgebracht wurde; daher auch das Zeichnen nach der Antike stets als nothwendiges Vorstudium für das Zeichnen nach der Natur betrachtet wird.

Wenn auch die Lehre über die Proportionen des menschlichen Körpers, welche sich größtentheils aus der Antike entwickelte, dem Schüler Anhaltspunkte giebt, wodurch sein Auge sich gewöhnt diese richtigen Verhältnisse des menschlichen Körpers, ohne mühsame Ausmessungen mit Sicherheit herauszufinden, so wird immerhin dieses theoretische Studium nicht zureichen, und eine vollständige Ausbildung des Proportionsgefühles nur durch das Vergleichen mustergiltiger Meisterwerke und durch das Studium der Natur selbst hervorgehen.

Für die weitere Ausbildung im Figurenzeichnen wird ferner noch das Studium des Knochenbaues und der äußern Anatomie des Menschen nöthig sein.

Die wesentliche Einwirkung des Knochenbaues auf die äußere Körperform tritt besonders auffallend bei den Schädelknochen hervor, wovon z. B. der Kopf oder Schädel eines Negers, verglichen mit dem schönen regelmäßigen Profil eines Kopfes, einen starken Kontrast giebt.

Die Osteologie und Myologie ist daher in artistischer Rücksicht unentbehrlich und bildet, als Fortsetzung der Proportionslehre des Menschen, eine nothwendige Stufe bei diesem Unterrichte, indem durch diese Kenntnisse dem Schüler die Lage der Muskeln und ihre Verrichtungen, sowie auch die Beschaffenheit der Knochen vergegenwärtigt wird, wodurch er in Stand gesetzt wird, die richtige Zeichnung der Figuren in den mannichfaltigen Stellungen und Bewegungen zu begreifen und wiederzugeben.

Nächst dem richtigen anatomischen Verständnisse sollen aber auch die Körperformen bei sich verkürzender Stellung in perspektivischer Hinsicht korrekt gezeichnet werden, wozu besonders als Vorstudium, nebst der Perspektivlehre auch das Zeichnen nach dem aus geometrischen Körperformen zusammengesetzten Gliedermann sehr zweckdienlich ist.

Selbstverständlich wird jedoch die vollständige Durchführung dieses Unterrichts der akademischen Kunstschule überlassen bleiben müssen, und für die allgemeine Schulbildung gewöhnlich nur das Zeichnen des Kopfes nach dem Gypsmodelle zu erreichen sein.

### 2) Das Thierzeichnen.

Sowie die Darstellung der menschlichen Figur, so bildet auch die Thierfigur einen besonderen Abschnitt der Zeichnenkunst. Vorzugsweise erscheinen die Säugethiere und unter diesen wieder die zahmen Hausthiere, als die wichtigsten Gegenstände für den Zeichner, womit er sich auch meistens zunächst beschäftigt.

Die eigentlichen Körperverhältnisse dieser Thiere sind weniger vollständig ausgemittelt, und wenn auch dieses z. B. bei dem Pferde versucht wurde, so sind sie doch nicht durchaus angenommen.

Die Künstler haben sich daher bei der Darstellung derselben blos nach ihrem Augenmaße gerichtet, welches sie sich durch die öftere Betrachtung und Nachzeichnung eigen gemacht haben.

Nächst dem Körperbau, welcher zunächst die Gestalt und die Art des Thieres bestimmt, und dessen Verhältnisse man genau studiren muß, ist der Kopf meist derjenige Theil, welcher hauptsächlich zur Charakteristik des Thieres beiträgt.

So haben z. B. diejenigen Thiere, welche zur Klasse der Hunde gehören, bei ähnlichem Körperbaue eine verschiedenartige Kopfgestaltung, und die Vergleichung des Kopfes einer Bulldogge, des Wasserhundes und Wolfes ꝛc. zeigt diese charakteristische Verschiedenheit sehr deutlich.

Das Auge, die Form der Schnauze, die Gestalt und Stellung der Ohren, sowie die Haltung des Kopfes überhaupt, werden hier hauptsächlich zu beachten sein.

Wie bedeutend die Zeichnung des Auges und die Wiedergabe dessen Ausdrucks ist, läßt sich am besten bei den Thieren aus dem Katzengeschlechte erkennen, wo z. B. die Augen der Katze, des Tigers und des Löwen den Charakter dieser Thierarten sehr bestimmt aussprechen, und die Falschheit der Katze, die Grausamkeit des Tigers und die Erhabenheit des Löwen in dem Auge vollkommen ihren Ausdruck finden.

Eine Hauptrücksichtnahme bei dem Thierzeichnen besteht darin, daß die anatomischen Kenntnisse des Zeichners in dem charakteristischen Gliederbaue der Thiergestalt mit richtigem Verständnisse sich zeigen, was auch durch die geeignete Behandlung der Haare und des Felles überhaupt anzustreben ist.

Diese Behandlung wird sich, je nachdem das Haar glatt und glänzend, struppig oder wollig und lockig ist, verschiedenartig gestalten müssen.

So werden bei glatten Fellen die Haare an den hellsten Stellen gar nicht angegeben, und nur in den Mitteltönen und in den tiefsten Schatten erscheinen die Striche, und werden stets nach derjenigen Richtung gelegt, welche die Haare in der Natur annehmen.

Aehnlich wird auch struppiges Haar behandelt, wobei jedoch regelmäßig sich bildende Partien zu vermeiden, und diese sich nach der Kontour der Gliedmaßen zu richten haben, auf denen sie meistens senkrecht stehen.

Mehr ausgebildeter tritt die Gruppirung der Haare bei denjenigen Fellen ein, die krauslockig oder wollig, wie z. B. beim Pudel und bei dem Schafe, erscheinen.

Hierbei ist jedoch besonders darauf zu sehen, daß durch diese Partien nicht der Gliederbau der Thiere verdeckt wird; im Gegentheil müssen dieselben durch ihre Lage und Anordnung die Formen des Körpers noch deutlicher hervorheben.

Hierzu eignet sich am wenigsten die Kreuzschraffirung, und kann nur da applicirt werden, wo die Haare von zwei nebeneinander liegenden Gliedern sich in der Natur wirklich kreuzen.

Ein sehr schöner und dankbarer Gegenstand für die Zeichnung aus dem Thierreiche ist das Pferd, welches aber zu den schwierigeren Aufgaben dieses Faches gehört.

Wenn auch das Skelet- und Muskelstudium des Pferdes eine Basis für das schöne Körperverhältniß bietet, so ist diese nicht für alle Pferderaçen zureichend, indem auf die Gestalt des Pferdes, und selbst auf das Charakteristische in seinem Ausdrucke, Vaterland, Alter, Wart und Pflege, sowie Bestimmung des Pferdes, bedeutend einwirken.

So ist auch der Ausdruck in dem Kopfe und der ganzen Haltung des deutschen, nicht veredelten Bauernpferdes von dem des englischen, arabischen oder spanischen weit unterschieden.

Das schwer französische, flämische oder deutsche Pferd hat einen ganz anderen Gliederbau als das arabische und türkische Roß oder der englische Renner.

Die Kenntnisse dieser Eigenthümlichkeit können aber nur durch das Studium zahlreich guter Vorbilder, sowie durch das Zeichnen nach der Natur erlangt werden.

Im Allgemeinen hat man auch bei der Zeichnung der Haare, welche bei dem Pferde scharf und glatt anliegen, auf die unter ihnen liegenden Gliedmaßen und Muskeln sehr genau zu achten und dieselben durch die Schattirung bestimmt hervorzuheben.

Obgleich bei dem Thierzeichnen das Studium der menschlichen Figur vorausgeht, und der Anfänger an Abbildungen aus Werken der vorzüglichsten Künstler des Thierfaches gewiesen, und auch durch das Zeichnen plastischer Thiergestalten nach dem Gypsmodelle das Naturstudium vorbereitet wird, so gehört immerhin noch eine eigene Begabung, tüchtige Uebung, ein fleißiges Studium und schnelle Auffassung dazu, um bei dem Zeichnen nach der Natur die richtigen Körperverhältnisse und ausdrucksvolle Charakteristik der Thiere lebendig und wahrheitsgetreu durch die Zeichnung wiedergeben zu können, umsomehr wenn diese Darstellungen sich dem eigentlichen Kunstfache nähern sollen.

Wenn auch diese künstlerische Anstrebung keineswegs im Plane der allgemeinen Schulbildung liegt, und hierbei höchstens ein verständiges Kopiren nach passenden Vorbildern, oder Zeichnen nach plastischen Thiergestalten ermöglicht ist, so gewährt dieses schon anerkannte Vortheile für den Ornamentisten, sowie auch für gewisse Fachstudien, besonders wenn die geeignete Wahl der Thiere, sowie das anatomische Zeichnen derselben, die gehörige Berücksichtigung findet.

3) **Das Blumenzeichnen.**

Das Blumenzeichnen bewegt sich an und für sich in freien ungezwungenen Formen, doch wird es fast in allen Fällen nicht schwer sein, ähnlich wie bei dem Ornamente für den Entwurf der Grundform eines Blattes oder einer Blume, einfache geometrische Figuren aufzufinden.

So wird für **einfache Blattformen** das Oval oder die Ellipse, sowie bei Blumen, die dem Auge gerade entgegenstehen, der Kreis die häufigste Anwendung finden.

Selbst wenn ein Theil des Blattes mehr seitwärts, auf- oder abwärts sich biegt, wodurch Verkürzungen oder Umwürfe entstehen, und ebenso bei Blättern besonderer Wölbung, deren Umriß weniger regelmäßig erscheint, bleibt diese elliptische Grundform anwendbar, in welcher der Einschnitt des Stielansatzes, sowie die Einbiegung der Blattspitze, und dann die Rippen und Auszackungen des Blattes eingezeichnet werden.

**Lang gezogene lanzettförmige Blätter**, wie z. B. die der Levkoje, finden ihre Grundform in der sehr langgezogenen Raute, für andere Blattformen eignet sich ein verschobenes Dreieck oder Rechteck, so auch z. B. für das Ephenblatt ein fast regelmäßiges Fünfeck, von welchem nur die beiden Seiten, welche nach der Spitze hingehen, etwas länger sind als die übrigen.

Durch die verschiedenartige Stellung des Blattes werden sich allerdings auch die Verhältnisse der Seiten der Grundfigur gegen einander ändern, und perspektivische Verkürzungen entstehen, wobei das Blatt durch die Hauptrippe nicht mehr in zwei gleiche Hälften getheilt, und ebenso die Zacken des abgewendeten schmäler scheinenden Blatttheiles sich weniger aussprechen und endlich, je weiter sich diese Blattseite abwendet, gänzlich verdeckt werden. Das Studium der Natur muß hierbei dem Unterrichte nachhelfen.

Etwas schwieriger ist die Zeichnung der **tiefgespaltenen Blätter**, wie z. B. das Blatt des Chrysanthemums, welche mehr als Gruppen einzelner Blätter erscheinen, und wo die einzelnen Theile wegen ihrer Schmalheit und Dünnheit oft sehr verschiedenartige Stellungen gegen einander annehmen

Beim Zeichnen derselben sind zunächst die durch die Hauptspitzen gehende Grundform der ganzen Gruppe leicht anzudeuten, dann die Hauptspaltungen und Einzelheiten anzugeben, und durch die Schattirung, namentlich bei dem zarten Laube die einzelnen Wendungen und Aufwürfe der Blätter gehörig hervorzuheben, wozu stets das Studium der Natur eifrig mit zu Hülfe genommen werden muß.

Für die **Gruppirung mehrer Blätter**, in deren geschmackvoller und doch naturgemäßer Anordnung die Kunst des Blumenzeichnens beruht, lassen sich kaum Regeln aufstellen, da hierbei das Studium der Natur und der Geschmack des Zeichners die besten Fingerzeige geben.

Bei einer Zusammenstellung von mehr als zwei Blättern an einem Stiel muß der Hauptstiel zuerst gezeichnet, und genau beobachtet werden, ob stets ein Blatt dem andern gegenüber steht, oder ob die Ansätze stufenweise wechseln.

Wenn auch anfänglich anzurathen ist an den zu bestimmenden Ansatzpunkten des Stieles zuerst die Grundform der Blätter anzugeben, so wird doch bei einiger Uebung und fleißigem Studium der Natur, das Zeichnen der Blätter auch ohne diese Grundform ermöglicht sein.

Immer bleibt jedoch zu berücksichtigen, daß selbst bei symmetrisch gestellten Blättern jedes Blatt an ein und demselben Stiele eine andere Stellung oder mindestens eine andere Beugung annimmt, und daß an einer Pflanze sich nicht leicht zwei Blätter finden werden, welche vollkommen einander gleich sind.

Daher hat auch der Zeichner darauf zu achten, **diese Unterschiede in Stellung, Bewegung und Form**, welche den Blumenzeichnungen ihre reizende Mannichfaltigkeit geben, ohne ängstliche Behandlung, naturgetreu wiederzugeben, indem eine steife Gleichförmigkeit unschön, gezwungen und unnatürlich erscheinen würde.

Zu den **einfachsten Blumen** gehören die **eintheiligen**, z. B. unter andern die sogenannten Glockenblumen, bei welchen die Blumenkrone aus einem einzigen Blatte besteht, indem eigentlich nur ihr oberer Theil mit besonderem, die Blume selbst charakterisirendem Umrisse hervortritt, während die übrige Form meistens glockenförmig oder sonst einfach geschweift erscheint.

Dagegen treten hier der Kelch, derjenige Theil, in welchem die Blumenkrone sitzt, und die Verbindung der Blume mit dem Stengel besonders in das Auge.

Schwieriger werden die Blumen, sobald die Krone aus einer größeren Anzahl von Blättern zusammengesetzt ist, weil dann fast jedes Blatt seine eigene Bewegung hat, und gegen das Auge eine andere Stellung annimmt, wobei die verschiedenartige Bewegung und Form der einzelnen Blätter, wie selbe durch die perspektivische Verkürzung sich zeigen, genau zu beachten sind, so daß stets die Grundform der Blume, sowie die ihrer einzelnen Blätter kennbar hervortreten.

Bei **vielblätterigen Blumenkronen** (z. B. bei gefüllten Nelken) hat man auch immer darauf zu sehen, daß, obschon jedes einzelne Blatt Licht und Schatten hat, dennoch das höchste Licht und der tiefste Schatten so vertheilt werden, daß die Grundform der Blume sich durch dieselben hervorhebt.

Hierbei wird somit nicht jedes einzelne Blatt seinen Theil vom höchsten Licht und tiefsten Schatten empfangen können, sondern werden die mehr hervortretenden etwas vom höchsten Lichte erhalten, während für andere Blätter schon der Mittelton für die hellsten Partien derselben genügen wird.

Das **Studium der Beleuchtung der Blumen im Ganzen**, ist einer der wichtigsten Theile des Blumenzeichnens und bedarf der genauesten Betrachtung der Natur, die hierin eine bessere Lehrmeisterin ist, als alle Vorzeichnungen.

Hierbei kann auch jede Blume ohne Rücksicht ihrer einzelnen Blätter als ein Körper unter einer bestimmten Form z. B. als Kugel, Halbkugel, Scheibe gedacht, und hieraus die allgemeine Beleuchtung abgeleitet werden, wobei dann jedem Blatte der Grundton gegeben, der ihm in Rücksicht seiner Stellung zum Ganzen zukommt.

Zudem sind auch Blumen, welche in der Natur hellere Farben haben, weniger dunkel zu schattiren, indem überhaupt tiefe Schatten bei hellen Blumen nur dort vorkommen, wo sie gleichsam als Schlagschatten auftreten, wie z. B. in dem innersten Busen einer Centifolie, der aber auch hier mit gehöriger Zartheit behandelt werden muß, um nicht die Gesammthaltung der Blume zu stören.

Bei Blumen, wo mehrere Blüthen an einem Stengel vereinigt sind und wo dann die grünen Pflanzenblätter gleichzeitig mit hinzutreten, ist gleichfalls nicht allein jede einzelne Blüthe an und für sich zu beobachten, sondern auch die Stellung der Blüthen gegen einander, und gegen das Auge des Beschauers.

Hierbei wird zunächst der Stiel, sowie Stellung und Richtung der ganzen Blume bestimmt, an dem Stengel selbst die Lage der einzelnen Blüthen festgestellt, und die Grundform dieser einzelnen Theile entwickelt, so daß in diese leicht entworfenen Hauptumrisse, von oben herab die Einzelnheiten eingezeichnet, und Blume, Blätter und Stiel durch das Schattiren vollendet werden.

Uebrigens ist auch hier auf die Stellung der Blume am Stiel, sowie auf die gehörige Haltung des Lichtes und Schattens stets Rücksicht zu nehmen.

Auch müssen bei Blumen, deren Knospen und Blüthen von anderen theilweise verdeckt sind, diese verdeckt liegenden Theile beim Entwerfen gleichfalls leicht angegeben, und deren Weglassung erst beim Auszeichnen berücksichtigt werden, weil sonst ein richtiges Verständniß des Zusammenhanges der einzelnen Theile zum Ganzen nicht wohl ermöglicht wäre.

Bei manchen Blumen, bei denen die Blätter der Blumenkronen sehr fein und dünn sind, und ihre Detailform fast mit jeder Minute sich ändert, wodurch das Zeichnen nach der Natur schwieriger wird, ist es nothwendig, zunächst die innere Form und Bewegung der einzelnen Blätter zu studiren, und dann rasch und mit sicherem Striche die Hauptformen der Blumen und ihrer einzelnen Blätter zu zeichnen, und ebenso jene Schatten anzugeben, welche auf die Haltung des Ganzen Einfluß haben, und wodurch die Blume im Allgemeinen die gehörige Rundung erhält, wobei dann mehr nach dem Gedächtnisse die einzelnen Blätter mit Berücksichtigung ihrer Stellung zum Ganzen schattirt, und hierdurch den einzelnen Blumenblättern zugleich ihre gehörige Bewegung gegeben werden kann.

Am schwierigsten ist das Zeichnen ganzer Blumengruppen und setzt immer ein sorgfältiges Studium der Details von Blumen und Blättern voraus.

Hierbei muß ebenso wie bei der einzelnen Blume die Haltung der ganzen Gruppe als Gesammtmasse berücksichtigt, und dabei das Hervor- und Zurücktreten der einzelnen Blume durch Licht und Schatten in geeigneter Weise hervorgebracht werden, wodurch die Zeichnung Harmonie und Effekt erhält.

Im Uebrigen wird dieses Naturstudium durch das Zeichnen nach guten Vorbildern und nach Gypsabgüssen natürlicher Pflanzenblätter, am zweckdienlichsten vorbereitet, und wird besonders dem Ornamentisten sehr nützlich und manchmal unerläßlich sein.

Vorzugsweise ist der Unterricht im Blumenzeichnen in den weiblichen Instituten und Schulen eingeführt, wo derselbe gewöhnlich mehr als ein Gegenstand der Unterhaltung sich größtentheils nur mit dem Zeichnen nach Vorlegeblättern, dem Malen auf Holz und ähnlichen Spielereien beschäftigt; und wenn auch an einigen Schulen ein mehr zweckentsprechender Zeichenunterricht zur Einführung kam, so gehören diese zu den Ausnahmen.

Obgleich nun an diesen öffentlichen Schulen bisher dem Zeichnen als untergeordnetem Nebenfache kein besonderer Werth beigelegt wurde, und auch die freie Form der Blume für die zuerst nöthige Ausbildung des **Augenmaßes und des Formensinnes** nicht besonders geeignet ist, ein rationeller Zeichenunterricht aber für männliche und weibliche Schulbildung von großem Einflusse bleibt, und eine Basis bildet, die selbst in der weiblichen Berufsstellung dem praktischen Leben vortheilhaft zu Statten kommen wird, so möchte es jedenfalls zweckmäßig erscheinen, dem Zeichnen eine Richtung zu geben, wodurch das applikativ Nützliche mit dem angenehm Unterhaltenden in Verbindung gebracht wäre.

Wie manche junge Dame hat in ihrem Pensionate Köpfe, Landschaften und Blumen mit unermüdetem Fleiße gezeichnet, erhielt hierfür von den Nichtkennern Lob und Bewunderung, — allein einen einfachen Gegenstand abzuzeichnen, oder richtige Begriffe über die Schönheit der Formen, diese Fertigkeit und Kenntniß hat sie hierbei sich nicht erworben, weil sie eben nur immer und immer kopirte, und die Formenlehre und Perspektive, sowie das Zeichnen nach der Natur nie in das Bereich des Unterrichts gezogen wurde.

So sind viele Mädchen nach jahrelangem Blumenzeichnen nicht im Stande irgend eine einfache Verzierung, welche sie für ihre Handarbeiten nöthig hätten, nachzubilden, vielweniger Derartiges selbstständig zu schaffen, indem bei jenem Zeichnen der Sinn für symmetrische Eintheilung, sowie für Anordnung und geschmackvolle Wahl der Verzierungselemente keineswegs entwickelt wird.

Jedenfalls möchte sich dieses bei einem geeignet methodischen Unterrichte anders gestalten, wenn durch ein elementares Freihand- und Ornamentenzeichnen nach passenden Motiven, sowie durch das Zeichnen nach dem Körpermodelle, **Augenmaß, Formensinn und Geschmack** ausgebildet würde.

Diesem könnte sich dann immerhin das Blumenzeichnen anschließen, und zwar mit weit besserem Erfolge als wie ohne diesen Vorbereitungsunterricht.

Da ferners zur Ausbildung des Geschmackes auch die des **Farbensinnes** gehört, so soll, auch diesem Zwecke entsprechend, für die befähigten Schülerinnen der höheren Klasse, das vorzüglich für Blumen geeignete Aquarellmalen zugänglich bleiben, wobei aber, selbst wenn nicht künstlerische Leistungen anzustreben, dennoch die **Ausbildung der ästhetischen Geschmacksrichtung** nie außer Acht gelassen werden darf, weshalb die erforderliche Gewandtheit im Zeichnen nach der Natur, natürlicher Farbensinn und perspektivische Kenntnisse nebst künstlerisch schulgerechter Behandlung der Malertechnik nöthig sind, da ohne diese Vorbedingungen ein Unterricht erfolglos bliebe, und für die Geschmacksbildung mehr verdorben als gewonnen würde, indem ein geistlos mechanisches Kopiren und Einschulen von Manier in Dingen der Kunst stets zur verwerflichen Unnatur und gänzlich verfehlten Richtung führen müßte.

## 4) Das Landschaftzeichnen.

Die Darstellungen der erhabenen und großartigen Naturscenen, Festland und Meer, das tropische Klima und den eisigen Norden berührend, bieten die mannichfachsten Landschaftformen dar, sowie Gebirg und Flachland mit seiner Fernsicht charakteristische Eigenthümlichkeiten zeigen, die den Beschauer fesseln und sein Gemüth in eigenthümliche Stimmung versetzen werden. Daher behält das Landschaftbild für Jedermann ein bleibendes Interesse, welches sich allgemein durch große Vorliebe für dasselbe und für das Landschaftzeichnen kund giebt.

Die verschiedenen Elemente des Landschaftfaches bedingen für den Künstler ein vielseitiges Studium der Natur, sowie genaue Kenntnisse der Linear- und Luftperspektive. Ueberhaupt nehmen schon die Darstellungen des Landes und Wassers, jedes für sich ein besonderes Fachstudium ein.

Nicht selten finden sich auch in der Landschaft Gebäude und Häusergruppen vor, oder bilden den Hauptgegenstand der Darstellung, wie z. B. bei Ansichten von Städten und Straßen derselben 2c., wo sie dann mehr als Architekturbilder, wieder als gesondertes Fach, einem eigenen Studium angehören.

Der Reiz der Landschaft kann besonders durch den geeigneten Gesichtspunkt, aus welchem dieselbe betrachtet wird, gehoben werden, daher bei Aufnahme derselben der Künstler vorzugsweise die richtige Wahl des Standpunktes zu berücksichtigen hat.

Zugleich übt auf den Charakter der Landschaft die Tageszeit einen nicht unbedeutenden Einfluß aus, der durch die verschiedenartige Beleuchtung und den Luftton stets eine Veränderung erleidet.

Daher am Morgen, am Mittag oder am Abende, bei Sonnenschein oder Mondbeleuchtung, bei heller Luft oder bedecktem Himmel, sich der Charakter einer und derselben Landschaft wesentlich ändert. Ebenso ist dies der Fall bei Windesstille, oder wenn der Sturm die Wipfel der Bäume beugt, was selbstverständlich je nach der Jahreszeit noch bedeutender hervortritt.

Einer der Hauptbestandtheile der Landschaft ist **der Baum** in den verschiedenen Stadien seines Wachsthums.

Die erste Rücksichtnahme bleibt daher, denselben in seinen einzelnen Formen und Gruppirungen künstlerisch aufzufassen und naturgetreu wiederzugeben.

Für den Zeichner hat zunächst **der Stamm** mit seinem **Astbau** und dann der sogenannte **Baumschlag**, nämlich die Form, Stellung und Gruppirung der Blätter Interesse; und alle diese Gegenstände sind für jede Klasse der Bäume charakteristisch verschieden.

Im Allgemeinen hat der Stamm eine kegelförmige oder nach oben sich verjüngende cylindrische Form, und verbreitet sich gewöhnlich bei den Laubhölzern in der Krone in einzelne Zweige, oder geht wie bei den Nadelhölzern, ununterbrochen als Hauptzweig bis in die Spitze des Baumes, so daß die Zweige sich von Beginn der Krone bis in die Spitze, um ihn her gruppiren.

Indessen bietet die Natur auch hierin mannichfache Abweichungen dar, so haben z. B. Pappeln und Eichen oft Stämme, die bis in die Spitze der Krone hinein gehen, dagegen wieder der Stamm der Fichte sich nicht selten in der Krone in eine mehr oder minder große Zahl von Zweigen trennt.

Ein charakteristisches Merkmal des Baumes bildet der **Schafttheil des Stammes**, welcher von der Wurzel bis zur Krone reichend, in dem Verhältniß seiner Länge zur Dicke, seiner besondern Färbung und Rinde, sowie in seiner mehr oder weniger geraden oder geneigten Stellung bei den verschiedenen Bäumen auch verschieden ist.

So ist gewöhnlich der Schaft des **langsam wachsenden** Baumes etwas stärker, mehr in die Breite gehend, hat eine rauhere Rinde mit dunkler Färbung und eine mehr unregelmäßige, aber deshalb auch mehr malerische Gestaltung: während der rascher wachsende Baum meist schlanker, glatter, heller und regelmäßiger sich zeigt.

An der Charakteristik der Bäume nimmt auch das **Zweigsystem** den entschiedensten Antheil, und bedarf des sorgfältigsten Studiums. Die Zweige sind gleichsam für den Baum, was das Gerippe für den menschlichen Körper, und sowie der Zeichner ohne anatomische Kenntnisse keine Figur vollkommen in ihrer verschiedenen Stellung zu entwerfen vermag, ebenso wenig wird er einen Baum charakteristisch und unterscheidbar zeichnen können, wenn er sich nicht zuvor mit dem Astbau der verschiedenen Baumarten vertraut gemacht hat.

Der mehr oder minder geradlinige und gestreckte, oder krummlinige und knorrige Wuchs der Zweige, ihre Gliederung und Aestung, ihr Auslauf in die Breite oder Höhe, die mehr oder weniger symmetrische Stellung gegen einander und gegen den Stamm, ihre Kreuzung oder Parallelität, sowie ihre Stärke und Verjüngungsart, alles dieses zusammengenommen bildet den Charakter, die **Physiognomie des Baumes**.

Diese Charakteristik des Astbaues, welche man im Winter am besten studiren kann, wird besonders durch die Beleuchtung gehoben, da eben durch diese, die Zweige gemäß ihrer Stellung hervortretend erscheinen.

Von gleich großer, wenn nicht noch größerer Bedeutung für die Physiognomik des Baumes ist das **Laub** desselben.

Das Laub ist für den Baum das, was die Muskeln und das Fleisch für den Körper sind, nämlich die Bedeckung des Gerippes, welche die Formen weicher und anmuthiger macht. Der Baum weist daher in seinen Astspitzen durchaus auf die Bekleidung durch die Blätter hin, und ohne diese erscheint er in einem todtenähnlichen Zustande.

Die eigentliche Gestalt des Blattes ist das Oval, indessen gewöhnlich an den Seiten auf eine eigenthümliche Art gewölbt oder ausgezackt und dem Stiele gegenüber mehr oder minder zugespitzt, und diese Form charakterisirt das Blatt je nach dem Baume, welchem es zugehört.

Zu der Physiognomie des Baumes trägt aber auch **die Stellung der Blätter am Zweige und dann ihre gegenseitige Gruppirung mit anderen Blättern** sehr viel bei, was bei jeder Baumart verschieden ist, daher die Gestaltung der Blätter zu Gruppen um den Astbau des Baumes eines sorgfältigen Studiums bedarf, um in der Zeichnung diese Gruppen naturgemäß anzuordnen und die verschiedenen Blättergruppen durch die Schattirung so voneinander abzuheben, daß der Baum ein leichtes Ansehen bekommt und nicht die Partien gleichsam auf- und aneinander kleben.

Einen, dem der Laubhölzer ganz entgegengesetzten Charakter entwickeln die Nadelhölzer.

Schon ihr meist kegelförmiger Stamm begründet einen Astbau, der namentlich den Bäumen der deutschen Nadelhölzer, ein pyramidenartiges Ansehen giebt.

Außer diesem Astbau sind auch die Blätter von denen der Laubhölzer verschieden. Sie sind scharf und dünn, nadelförmig und stehen nie einzeln an den Zweigen, sondern büschelförmig bei einander, wie bei der Kiefer, oder auch so, daß jeder Zweig einen Büschel von Blättern bildet, wie an der Fichte und Tanne.

Nächst dem Baumschlage d. h. der Art und Weise die Bäume darzustellen, hat der Lernende, ehe er an die Zeichnung großer landschaftlicher Gegenstände gehen kann, auch noch die Vordergrundstudien zu beachten.

Diese unserem Blicke näher gerückten Pflanzen, welche den Vordergrund einer Landschaft bilden, müssen weit sorgfältiger und ausführlicher gezeichnet werden, als die dem Auge entfernter stehenden, deren Einzelnheiten nicht mehr unterscheidbar sind.

Solche Blätter und Gräser, wie sie am Fuße der Berge und Bäume und an den Rändern der Wege erscheinen, erfordern als Vordergrundstudien eine naturgetreue Behandlung. Dieselben geben der Landschaft einen eigenthümlichen Reiz und größere Wahrheit, und fördern zugleich die Haltung des Ganzen, indem hierdurch das perspektivische Zurücktreten des Mittelgrundes mit seinen leicht behandelten Bäumen und anderen Gegenständen, hervorgebracht, und das Auge durch die sorgfältigere Ausführung des Vordergrundes, einen Maßstab der Entfernung erhält.

Wenn nun auch der ästhetische Geschmack des angehenden Künstlers durch das Studium der Antike und der Natur soweit herangebildet wird, um demselben die entsprechende Wahl der Objekte für das Baum- und Landschaftstudium selbst überlassen zu können, und er somit das Landschaftzeichnen unmittelbar nach der Natur beginnen kann, so wird dagegen, wenn dieses Zeichnen in der Schule betrieben werden sollte, dasselbe nur nach dem Vorbilde geschehen können, wobei mit dem Zeichnen des Astbaues, und der Blätter und ihrer Gruppirung am Zweige, sowie mit derartigen Gruppen, wie selbe aus einiger Entfernung betrachtet, am Baume als Massenformen sich zeigen, begonnen, und so allmälig die Darstellung des ganzen Baumes, der Baumgruppen u. s. w., vorbereitet wird.

Da durch das genaue Kopiren der Vorbilder die Fertigkeit erworben werden soll, jede Baumart erkennbar mit einer gewissen Geläufigkeit wiedergeben zu können, so erfordert dasselbe gleichsam als Vorübung zum Zeichnen nach der Natur, eine treue Auffassung der kleinen charakteristischen Eigenthümlichkeit der verschiedenen Baumgattungen, was aber keineswegs durch das Nachahmen manierirter Vorbilder erreichbar ist, daher nur solche zu wählen sind, welche die charakteristische Eigenthümlichkeit des Baumschlages mit Naturtreue vorführen.

Daß bei dieser Vorübung das Körperzeichnen nach Modellen\*), perspektivische Kenntnisse, sowie auch in entsprechender Weise das Figurenzeichnen vorausgesetzt werden müssen, wodurch der Formensinn gehörig ausgebildet wird, bedarf wohl keiner Erwähnung.

Indessen wird nicht selten das Landschaftzeichnen ohne diese Vorbedingung begonnen, und auf das Nachbilden von landschaftlichen Vorlegeblättern oft ein Maß von Zeit und Mühe verwandt, welches zu dem Nutzen dieser Uebungen nicht in richtigem Verhältniß steht. Der Lehrer täuscht sich dabei sehr leicht über die Schüler, und diese über sich selbst; ihr Formensinn kann dabei völlig unentwickelt und ungeübt bleiben.

Wenn nun aber in den höheren Schulen das Landschaftfach in ungeeigneter Weise behandelt, werthlos bleibt, so wird dieses bei dem in der Volksschule eingeführten Landschaftzeichnen, um so mehr der Fall sein, da hier nicht einmal die hierzu nöthige Vorbildung erstrebbar ist, und dasselbe, wenn auch in eng gezogenen Grenzen, etwa blos auf das Nachbilden von Häuschen u. dergl. sich beschränkend, nur zu Spielereien führen wird, mit denen sich der Schüler immerhin zu Hause beschäftigen mag.

**Die Schule ein bestimmtes Ziel ins Auge fassend, bedarf der ernsten Behandlung des Zeichnenunterrichts, wenn dieses Ziel erreicht werden soll.**

Immer, wo in der Schule dieser Weg verlassen wird, und nur das Unterhaltende Berücksichtigung findet, werden sich nachtheilige Folgen zeigen, besonders aber bei dem ersten Zeichnenunterrichte; denn nicht allein daß bei diesen Tändeleien der Schüler nichts lernt, er wird hierdurch auch noch verwöhnt, und schwieriger einer besseren Richtung zuzuführen sein.

## B. Gebundenes Zeichnen.

### 1) Geometrische Zeichnenlehre\*\*) (Konstruktion in der Ebene).

Das geometrische Zeichnen mit Lineal und Zirkel, die Ausführung rein geometrischer Aufgaben und Forderungen umfassend, ist dem technischen Zeichner unentbehrlich, und das Verständniß der Konstruktionen dieser Aufgaben, welche eine Art praktischer Geometrie ohne mathematisch strenge Beweise bilden, beschäftigt die eine Stufe dieses Linearzeichnens, während die andere den exakten Gebrauch der Instrumente bei der Reinzeichnung dieser Aufgaben anzustreben trachtet, wobei die Aufgaben zuerst mit Bleistift gezeichnet und dann mit der Reißfeder ins Reine gebracht werden, und die sorgfältige korrekte Ausführung für den Schüler fast so wichtig sein muß, als wie das Verständniß der Arbeit.

---

\*) So kann auch das Zeichnen nach dem geometrischen Körpermodelle für das Landschaftstudium besonders nützlich werden, wenn demselben landschaftliche Modelle angereiht werden, wozu einfache und zusammengesetzte Häuserformen, Landhäuser, Thürme, Burgen und Kirchen mit Thürmen, Brücken u. dgl. sich eignen werden, bei deren Auswahl weniger das architektonische Musterbild, als vielmehr der malerische Effekt zu berücksichtigen ist.

\*\*) Als in Deutschland in den dreißiger Jahren dieses Jahrhunderts die Gewerbschulen ins Leben traten, wurde an diesen Schulen auch das geometrische Linearzeichnen als besonderer Unterricht behandelt, wozu anfänglich Lamotte's Linearzeichnenwerk als Leitfaden diente, dessen Uebersetzung von Kaufmann 1835 erschien.

Wenn aber auch bei diesen Uebungen nebst strenger Genauigkeit, besonders darauf zu sehen ist, daß keine Zirkelstiche der Kreismittelpunkte sich zeigen, so wäre es doch unnütze Pedanterie, schon verlangen zu wollen, daß selbst dem Kennerauge keine Spur dieser Stiche sichtbar sei.

Eine gewisse Fertigkeit in Handhabung des Zirkels und Lineals ist unerläßliche Vorbedingung für den Uebergang zum projektiven und perspektivischen Zeichnen; selbst das Ornament bedarf sehr häufig die Beihülfe dieser Instrumente und manche Zweige desselben sind vorzugsweise geometrischer Natur.

Diese Uebungen als Grundlage des technischen Zeichnens sollen jedoch nicht vor dem Freihandzeichnen, sondern erst nach gehöriger Vorbereitung desselben, vorgenommen werden.

Gewöhnlich wird auch dieses Linearzeichnen, erst mit der zweiten Stufe des Freihandzeichnens beginnend, neben der Fortsetzung des Ornamentenzeichnens betrieben, was jedenfalls das zweckentsprechendste sein dürfte.

Es werden zwar an manchen Schulen diese Linearzeichnungsübungen vor dem Freihandzeichnen begonnen, wobei allerdings diese mehr mechanischen Uebungen ein gleicheres Fortschreiten der Schüler ermöglichen als wie bei letzterem; allein immer wird der zuerst an Lineal und Zirkel gewöhnte Schüler mehr ängstlich dem mechanischen Messen folgen, und hierdurch von freier Auffassung abgelenkt, Hand und Augenmaß weniger üben als wie im umgekehrten Falle, wo ihm dagegen ein durch das Freihandzeichnen geschärftes Augenmaß bei den Messungen des Linearzeichnens vortheilhaft zu statten kommen wird, und die hierdurch gefügigere Hand mehr Gewandtheit in Behandlung der Instrumente erhält.

Zudem wird auch dem Freihandzeichnen, welches als das schwierigere mehr Uebung als das Linearzeichnen erheischt, die erste und meiste Sorgfalt zugewendet bleiben müssen.

Der geometrische Linearzeichnenunterricht als Vorbereitung für das wissenschaftliche und technische Zeichnen, hat zunächst zur Aufgabe den Schüler mit Linien, Winkeln und Figuren, welche in der Ebene liegen, bekannt zu machen, und ihm die Anleitung zu geben, dieselben mittelst Lineal und Zirkel ꝛc. schnell, genau und schön zu zeichnen.

Hiebei soll zugleich der Schüler vorzugsweise mit jenen geometrischen Konstruktionen vertraut werden, welche sowohl als Vorübung für die spätere Ausführung der wissenschaftlichen und technischen Zeichnungen nothwendig sind, sowie auch in der Praxis des Technikers unmittelbare Anwendung finden.

Bei dem primitiven Unterricht des geometrischen Linearzeichnens wird gewöhnlich nach vorausgegangener Erläuterung über Behandlung und Gebrauch der einzelnen Instrumente eines Reißzeuges, mit den einfachen Lineal- und Zirkelübungen begonnen, als verschiedene Theilungen der geraden Linie, Zusammensetzungen einfacher geradliniger und krummliniger Figuren u. s. w., wobei zugleich das Ziehen von geraden und kreisförmigen (ausgezogenen, punktirten und gestrichelten) Linien von der größten Feinheit bis zur möglichst größten Stärke mittelst der Reißfeder und der Einsatzziehfeder, gehörig geübt wird.

Nach dieser Vorübung wird erst der Unterricht im eigentlichen geometrischen Zeichnen vorgenommen, wobei der Lehrer die Konstruktionen an die Schultafel zeichnet und erläutert, und dieselben zugleich von den Schülern im Zeichnenhefte nachgearbeitet werden, um später nach dieser Heftzeichnung auf dem aufgespannten Papiere das Reinzeichnen dieser Konstruktionen vornehmen zu können.

Sollten auch anfänglich bei dem Reinzeichnen dieser Aufgaben, Vorlege- oder Wandtafel benützt werden, so haben diese nicht den Zweck, als Vorlage zum Nachzeichnen zu dienen, sondern nur dem Schüler einen mustergiltigen Anhalt zu geben für Arrangement und technische Behandlung.

Betreff der Aufgaben sind vorerst nur die einfachsten und für den allgemeinen Zweck nothwendigsten zu wählen, sowie auch nur die einfach praktischen Konstruktionsweisen dieser Aufgaben zweckdienlich sind, und überhaupt vielerlei Konstruktionen den Anfänger nur verwirren werden.

Erst nach Beendigung dieses Kursus sind je nach dem Zwecke einer Schule jene mehr speciell in der Praxis vorkommenden Konstruktionen vorzunehmen, wobei stets auf deren praktische Anwendung hinzuweisen ist.

Hierzu eignen sich auch besonders die geometrischen Entwickelungen von Baustylgebilden, wodurch den Schülern neben den Uebungen im Zusammenstellen geometrischer Konstruktionen, Sinn für Formen und Kenntniß der Eigenthümlichkeiten der Stylarten beigebracht werden.

Zweckdienlich ist ferner noch den Schülern später verschiedene Aufgaben ohne Rücksicht ihrer Reihenfolge zu geben, welche dieselben aus dem Gedächtnisse zu konstruiren und als Reinzeichnung zu bearbeiten haben, wobei nebst richtigem Verständniß der Konstruktionen und genauer Zeichnung derselben, auch besonders noch auf geschmackvolles Arrangement der Aufgaben zu sehen wäre, damit der Schüler schon frühzeitig an eine gewisse Ordnung, an schöne Raumvertheilung und Verhältnisse sich gewöhne, und demselben auch hierin der Begriff des Schönen beigebracht werde.

**2) Darstellende (deskriptive) Geometrie mit Anwendung auf Schattenkonstruktion, Axonometrie und Perspektive.**

Die darstellende Geometrie\*) als Grammatik des Zeichnens beschäftigt sich mit der Projektion der Punkte, Linien, Flächen und Körper im Raume, wobei sie ihre Aufgaben dergestalt löst, daß in ihren Konstruktionen nach allen Seiten hin ein deutlicher Begriff von der Gestalt, Größe und Lage des projizirten Gegenstandes sich ergiebt.

Dieselbe als Bildungsmittel für Künstler und Techniker allgemein anerkannt und in Anwendung gebracht, fördert nicht allein die Schärfung des Verstandes und die Anregung zum Selbstdenken, sondern setzt auch die

---

\*) Es sind nur wenig Decennien verflossen, seit man in Deutschland angefangen hat, dieser Wissenschaft die gebührende Aufmerksamkeit zu schenken, und das erste deutsche Buch über deskriptive Geometrie (Creizenach's Anfangsgründe der darstellenden Geometrie) erschien 1821 in Mainz. Schon 1768 wurde die géométrie descriptive von dem französischen Gelehrten Kaspar Monge (früher Scheerenschleiferjunge) als systematisch durchgebildete Wissenschaft entwickelt, welcher vierzehn Jahre lang nach der Erfindung weder mündlich noch schriftlich etwas anderweitig bekannt machen durfte, als nur den adeligen Zöglingen der Militärschule zu Mézières. Monge sagt in Bezug der Wichtigkeit seiner Erfindung: „die beschreibende Geometrie soll eines Tages eine der vorzüglichsten Partien der Nationalerziehung werden, weil die Methode, die sie giebt, den Künstlern ebenso nothwendig als Lesen, Schreiben und Rechnen ist".

Phantasie in Thätigkeit und Uebung, und erleichtert hierdurch das Verständniß und die Beurtheilung der Kunstwerke, daher sie als ein unentbehrlicher Unterrichtsgegenstand der künstlerischen und technischen Schulbildung einer sorgfältigen Pflege bedarf.

Für die gewerbliche Bildung des Technikers dient vorzugsweise ihr praktischer Theil: die Projektionslehre, wodurch derselbe die Kenntniß über die Darstellung von Körperformen und deren Netzzeichnung u. dgl. erhält, wobei es wesentlich ist, dem Schüler das Prinzip der geometrischen Parallelprojektion und das der Central- oder Perspektivprojektion als Gegensatz der erstern klar zu machen, und in ihm die richtigen Begriffe über Projektonsebenen und Projektionsachse, sowie über Grund- und Aufriß, Seitenansicht und Durchschnitt, zu entwickeln.

Zur Veranschaulichung und Unterstützung dieses Unterrichts dienen hauptsächlich Modelle, welche am zweckmäßigsten von dem Schüler selbst aus starkem Papier nachgebildet werden.

Dieses Modelliren ist besonders bei der Netzentwickelung der eben- und krummflächigen Körper und der Dachflächen ꝛc. sehr zu empfehlen, weil hierdurch nicht allein das Verständniß gefördert und die Richtigkeit der angewandten Konstruktion anschaulich gemacht, sondern auch der Schüler mit dem praktischen Gebrauche derselben vertraut wird.

Eine weitere Aufgabe dieses Unterrichts besteht darin, den Schüler zu üben, nach Körper- und anderen Modellen, die demselben in die Hand gegeben werden, Messungen mit dem prismatischen Maßstabe vorzunehmen, und so diese Modelle in einer verlangten Stellung und Verjüngung oder Vergrößerung mit Grundrissen, Aufrissen und Durchschnitten darzustellen.

Diese Uebung kann auch nach Verhältniß durch schwierigere Modelle und Stellung gesteigert werden, sowie auch dadurch, daß man den Schülern die Modelle entzieht, nachdem sie alle Ausmaße genommen und in eine Handskizze eingeschrieben haben.

Jedenfalls wird diese Uebung in Behandlung des Maßstabes und des Projizirens nach Modellen für den Techniker und Zeichner von großem Vortheile sein und ihm die hierdurch erlangte Gewandtheit in der Praxis gut zu statten kommen.

Ferner soll auch der Schüler die Theorie der Projektionslehre für die verschiedenen Zwecke der technischen Zeichnung anwenden lernen, wozu je nach dem Schulzwecke auch verschiedene Aufgaben zu wählen sind.

Im Allgemeinen eignen sich hierfür Projektionen von Verbindungen und Durchdringungen der Körper, Netzzeichnungen der Rohrverbindungen, Durchschnitte von Architektur- und Maschinentheilen, Aufgaben über den Steinfugenschnitt der Gewölbebögen, Projektionen der Schrauben und Treppen, Ermittelung aus dem Grundrisse der Verkürzungen des Ornamentes an runden Körperformen, an dem Kapitäle u. dgl.

## Die geometrische Schattenkonstruktion.

Wenn auch gewöhnlich für technische Zwecke der Umriß allein schon zureicht, so trägt doch immerhin die Angabe der Schattenlinien zur Deutlichkeit der Zeichnung bei, vorausgesetzt daß diese Angabe richtig ist, indem eine fehlerhafte diese Deutlichkeit nur beeinträchtigt.

Um aber an gehöriger Stelle diese Schattenlinien angeben zu können, wodurch das richtige Verständniß des gezeichneten Gegenstandes gefördert werden soll, bedarf es der Kenntniß über Beleuchtung und Schatten. Daher ist schon aus diesem Grunde, sowie überhaupt für die allgemeine Bildung des Zeichners die geometrische Schattenlehre oder Schattenkonstruktion wesentlich nothwendig, indem durch die Kenntniß ihres Prinzipes auch die Schattenbestimmung bei der axonometrischen und perspektivischen Projektion bedeutend erleichtert wird.

Hauptsächlich soll der Schüler durch die geometrische Schattenlehre das Prinzip der Beleuchtung und der Schattengestaltung kennen lernen, um die hieraus hervorgehenden Gesetze über Licht und Schatten als feste Stützpunkte für das Naturstudium benützen zu können.

Eine Konstruktionsanleitung für die Praxis kann nicht eigentlicher Zweck dieses Unterrichts sein.

Der Schüler soll hierdurch nur ein klares Verständniß über die Schattengestaltung der verschiedenen Körperformen gewinnen.

Für die Schattenbestimmung zusammengesetzter Körperformen wäre das Konstruiren vieler Schattenpunkte unpraktisch und zwecklos — einige konstruirte Hauptpunkte müssen genügen und das Uebrige durch Folgerung ermittelt werden oder dem Gefühle des Zeichners überlassen bleiben.

Später soll der Zeichner fast ohne alles Konstruiren, annähernd die Schattengestaltung bestimmen können, was für die meisten Fälle der Praxis zureichen wird, und ebenso soll er auch dem Gefühle nach die harmonische Haltung der Licht- und Schattenpartien wiederzugeben im Stande sein, woraus das Hervor- und Zurücktreten der dargestellten Formen, ihre richtige Modellirung und somit ein klares Formenverständniß, und je nach dem Zwecke des zu behandelnden Gegenstandes selbst eine malerische Wirkung der graphischen Darstellung hervorgeht.

## Die axonometrische Projektion.

Während die rechtwinkelige Parallelprojektion mit Grund- und Aufriß und Seitenansicht eine vorzugsweise Anwendung bei Arbeitszeichnungen des Technikers findet, bietet dagegen die axonometrische Projektion nicht minder große Vorzüge für die Darstellung vieler Gegenstände der Technik, indem sie die drei Raumgrößen des körperlichen Gegenstandes in einem Bilde vereinigt, wobei sie einen leichteren Ueberblick gestattet als wie jene, und zugleich ein Abnehmen der Maßverhältnisse ermöglicht.

Sehr häufig wird daher in neuerer Zeit diese axonometrische Projektionsmethode bei Jllustrationen technischer Werke benützt, z. B. zu Darstellungen von architektonischen, mechanischen und artilleristischen Gegenständen u. dgl.

Es dürfte deshalb deren Studium für den Zeichner ebenso nothwendig und nützlich sein als wie für den Techniker.

Die klare Entwickelung ihres Prinzipes, sowie das der schiefwinkeligen Parallel-Projektionsmethoden wäre zunächst die Aufgabe dieses Unterrichts, dem sich dann die axonometrische Schattenbestimmung und eine Anleitung zur Anwendung dieser Projektion für Gegenstände der Praxis anreihen dürfte.

# Die Lehre der Perspektive.

Bei den Zeichnenübungen nach dem Körpermodelle, wo eine abstrakte Behandlung der Perspektivlehre nie zulässig ist, und die Perspektive mehr nach freier Auffassung ohne Konstruktion praktisch in Anwendung gebracht wird, und wo deren Prinzip und Gesetze nur durch Veranschaulichung des schon früher erwähnten Glastafelapparates praktische Erläuterung finden, muß daher ein richtiges Verständniß ihrer Gesetze lediglich durch unmittelbare Naturanschauung gewonnen werden; während bei dem, nach festen Regeln konstruirten Bilde, das perspektivische Prinzip und Gesetz durch die Konstruktion sich geltend und anschaulich macht.

Gewöhnlich wird zunächst das perspektivische Bild aus dem Grund- und Aufriß entwickelt, und zwar durch die Konstruktion der darstellenden Geometrie, wobei zugleich mittelst des Glastafelapparates die perspektivischen Konstruktionen am einfachsten begreiflich werden.

Diesem Konstruktionsverfahren, welches weniger für die praktische Anwendung geeignet, als vielmehr zur Erläuterung des perspektivischen Prinzipes dient, reihet sich dann die Konstruktion mit den Distanz- und Fluchtpunkten an, welche durch die Hülfskonstruktion (Verkleinerung der Distanz) applikativer für die Praxis wird, und wobei gleichfalls der geometrische Grund- und Aufriß in Anwendung kommt.

Eine andere Methode, die sogenannte freie Perspektive, gestattet, Gegenstände, welche man sich in einer bestimmten Lage zur Bildebene gedacht hat, sofort in Perspektive zu bringen, wobei der darzustellende Gegenstand ohne geometrische Zeichnung, vorzugsweise mittelst des perspektivischen Kreises gezeichnet wird.

Diese Methode hat besonders für den Künstler und Maler praktischen Werth, ist jedoch schwieriger zu verstehen als wie die erstere, daher sie mehr in das Bereich der höheren Kunstschulen gehört.

Um den Schüler auch in der praktischen Anwendung der Perspektive zu üben, ist es nothwendig demselben einen klaren Begriff von dem darzustellenden Gegenstande zu verschaffen, entweder durch unmittelbare Anschauung oder durch eine geometrische Zeichnung.

Bei der praktischen Bearbeitung bleibt feste Regel, die verschiedenen Theile einer Zeichnung nach und nach zu vollenden, und nicht bald an dieser, bald an jener Stelle einen oder mehrere Punkte zu bestimmen, wodurch nur Verwirrung entstände.

Am geeignetsten ist es auch zuerst die Hauptumrisse zu suchen und dann erst das zwischen denselben liegende Detail, welches der geübte Zeichner, sobald er feste Anhaltspunkte gewonnen hat, zum Theil aus freier Hand eintragen kann.

Ebenso ist es nothwendig, um die Schüler zur selbstständigen Wahl eines günstigen Standpunktes anzuleiten, dieselben die Hauptumrisse zuerst auf gewöhnlichem Papier entwerfen zu lassen, um in der Reinzeichnung die fehlerhafte Wahl des Standpunktes zu vermeiden.

Auch hier soll der Schüler die Schönheit des mehr malerischen Bildes und dessen Gegensatz, das unschöne Zerrbild erkennen lernen, das, wenn auch konstruktiv richtig, immerhin unschön und unnatürlich erscheint, und sehr leicht durch entsprechende Wahl des Standpunktes zu umgehen ist.

## C. Fachzeichnung.

Bekanntlich werden jene graphischen Bilder, welche dem Zwecke der Technik angehören und im Allgemeinen als erläuternde Darstellungen oder auch speciell als Arbeits- oder Werkzeichnungen dienen, Fachzeichnungen genannt. Letztere für die Arbeiten des Handwerkers bestimmt, geben je nach dem Größenverhältniß des zu bearbeitenden Gegenstandes das Detail oder das Ganze desselben in wirklicher Größe.

Nebst den Werkzeichnungen des Handwerkers gehören in die Kategorie der Fachzeichnung: Die **Manufakturzeichnung** für Weberei und Tapetendruck, die **Situationsplanzeichnung**, das **Architektur- und Maschinenzeichnen** &c. Hierbei ist stets Freihand- und konstruktives Zeichnen vereinigt, auch werden je nach dem gesteigerten Grade des Faches eine mindere oder höhere Stufe der Ausbildung in dem Freihand- und wissenschaftlichen Zeichnen, und zugleich die nöthigen theoretischen und praktischen Kenntnisse vorausgesetzt.

Für die allgemeine technische Schulbildung ist vorzüglich dem Situationsplanzeichnen, sowie dem Architektur- und Maschinenzeichnen eine besondere Berücksichtigung zuzuwenden.

### 1) Situationsplanzeichnung.

Der Unterricht des Situationsplanzeichnens beschäftigt sich zunächst mit der konventionellen Darstellungsweise der verschiedenen Kulturarten und der Gewässer, und der in den Situationskarten vorkommenden Zeichen und Planschriften, dem sich dann gewöhnlich das Zeichnen von Ortschaften in verschiedenen Maßstabgrößen und Behandlungsarten anreiht.

Die charakteristische Darstellung des Flach-, Mittel- und Hochgebirges, als der schwierigere Theil bildet für sich ein eigenes Studium.

Derartige Terrainzeichnungen für militärische Zwecke von wesentlichem Interesse werden nach dem Lehmann'schen Bergzeichnungssysteme*)

---

*) Dieses wissenschaftliche auf mathematischen und physikalischen Grundsätzen beruhende System gründet sich auf das Beleuchtungsgesetz, nach welchem eine horizontale Fläche am stärksten beleuchtet wird, wenn auf dieselbe die Lichtstrahlen senkrecht treffen, und die Erleuchtung der verschieden geneigten Flächen verhältnißmäßig um so geringer wird, unter je kleinerem Neigungswinkel sie vom Lichte getroffen werden; während die mit dem Lichtstrahle parallel gehenden Flächen, wobei der Neigungswinkel sich in Null auflöst, kein Licht mehr erhalten, folglich im Schatten liegen. Die Beleuchtung dient hier als Mittel die verschiedenen Böschungen der Bergflächen durch geeignete Ton- oder Farbenabstufung kennbar zu machen. Dieses Ton- oder Mischungsverhältniß der Farbe vom vollkommenen Weiß bis zum vollkommenen Schwarz läßt sich in der Federzeichnung, ohne sich dieser Farbenabstufungen selbst bedienen zu müssen, sehr genau wiedergeben durch vollkommen schwarze Striche, welche man feiner oder stärker nur in größeren oder kleineren Zwischenräumen nebeneinander zu reihen braucht, um eine hellere oder dunklere Tonart zu erhalten.

Auf diese Art läßt sich auch sehr leicht ein durch Zahlen auszudrückendes Verhältniß zwischen der jedesmaligen Breite der schwarzen Striche und ihren weißen Zwischenräumen, nämlich des dunkeln zum hellen Ton ermitteln, wodurch jede Böschung von 0° bis zu 90° so genau als man selbe zu messen vermag, ebenso genau auch in der Zeichnung ausgedrückt werden kann.

Da jedoch Bergflächen über 60° besonders für militärische Zwecke unzugänglich erscheinen; so wird in der Praxis nur die Böschung von 0° bis zu 60° ausgedrückt,

behandelt, nach welchem die verschiedenen Böschungen der Bergflächen durch Schraffirung ausgedrückt und hiefür nach dem konstruirten Böschungsmaßstabe das Verhältniß der Strichbreite zum weißen Zwischen- oder Nebenraum ermittelt wird, wobei zugleich die Lage und Form der Schraffirstriche gewissen Gesetzen unterliegen.

Zu den ersten Uebungen bedient sich der Schüler scharf geschnittener guter Gänsefedern und vollkommen schwarz angeriebener Tusche. Erst später, wenn die Hand hinreichende Uebung und Sicherheit sich eigen gemacht hat, und bei Zeichnungen in kleinen Maßstäben, wo sehr feine Striche gezeichnet werden müssen, kann ihm der Gebrauch des elastischen Pinsels oder der Raben- oder Stahlfeder gestattet werden.

Den einfachen Schraffirübungen reihet sich eine vollkommene Ausführung der Böschungsmaßstäbe an, wodurch der Schüler diejenigen Begriffe von der Darstellungsweise der verschiedenen Böschungen und zugleich diejenige Fertigkeit erlangen soll, um die Schraffirung, je nach dem Böschungsverhältnisse in gleichförmiger Weise anwenden und ausführen zu können.

Hierauf folgt das Zeichnen jener stereographischen Körper, aus deren Bestandtheilen die Formen fast aller in der Natur vorkommenden Terrainerhabenheiten zusammengesetzt sind.

Hierzu gehören: die ungleichseitige Pyramide, der gerade Kegel mit steter Böschung und mit eingebogener (konkaver) Seitenfläche, der Kugelabschnitt und der schief abgeschnittene Kegel, wovon Grundriß und Profil zuerst gezeichnet und ebenso die Grund- und Aufrisse der erforderlichen parallel übereinander gelegten horizontalen Durchschnittebenen dieser Körper angegeben werden.*)

und erstere also mit vollem Weiß und letztere bis zu 90° mit vollem Schwarz bezeichnet. Auch genügt es im Allgemeinen, die Abstufungen der Böschungen nur von 5° zu 5°, oder von 6° zu 6°, oder selbst von 10° zu 10° anzugeben.

*) Um einen Berg in seinen mannichfachen Formen bildlich darzustellen und seine Böschungswinkel leicht zu messen, denkt man sich ihn von parallel übereinander gelegten horizontalen Ebenen durchschnitten; wodurch der ganze Berg gleichsam in Gürtel abgetheilt wird, deren Oberflächen oder Neigungsflächen als Flächen mit einfacher Krümmung betrachtet werden können.

Die Schraffirstriche, deren man sich zur Bezeichnung der Terrainunebenheiten bedient, müssen eine feste bestimmte Richtung erhalten und stets nach dem Ablauf des Wassers oder nach der Richtung gezeichnet werden, nach welcher ein schwerer Körper von einer schiefen Fläche abrollt. Dies geschieht immer unter einem rechten Winkel auf die Horizontalen, welche durch die schiefe Fläche gelegt gedacht wurden, daher die Schraffirstriche stets unter rechtem Winkel auf die Horizontale zu legen sind.

Die dreierlei Hauptformen für die Schraffirstriche sind:
 1) rechteckig-gerade;
 2) keilförmig oben schmale und unten breite oder umgekehrt;
 3) gekrümmte oder Schwungstriche, die entweder gleiche Breite oder eine den Keilstrichen sich nähernde Form haben.

Was die Breite der Schraffirstriche zu ihren Zwischenräumen betrifft, so soll sich die Breite des schwarzen Striches zu seinem weißen Nebenraume verhalten wie der zu bezeichnende Böschungswinkel zu seinem Ergänzungswinkel auf 60°, z. B. der Böschungswinkel von 5° hat 55° zum Komplement auf 60°, folglich treffen zur Bezeichnung des Böschungswinkels von 5° für die Breite des schwarzen Striches 1 Theil und für den weißen Nebenraum 11 Theile.

Nach diesem einfachen Gesetze ist es daher leicht einen Böschungsmaßstab zu konstruiren, woraus für jeden beliebigen Böschungswinkel das zugehörige Strichverhält-

Mit der Kenntniß und Fertigkeit, diese stereographischen Körper in der Schraffirung nach ihren Böschungsverhältnissen vollkommen richtig und rein darstellen zu können, schließen die eigentlichen Vorübungen des Bergzeichnungsunterrichts, worauf zur Zeichnung einzelner Terrainpartien zunächst in größerem Maßstabe übergegangen wird.

Bei Zeichnung derselben genügt es jedoch nicht, die Vorlage mit allem Fleiße und aller Genauigkeit zu kopiren, der Schüler hat vielmehr aus den Vorlagen sich vor Allem die Formen der Berggruppen zu einer recht klaren Vorstellung zu bringen, nämlich die einzelnen Bestandtheile sich zu versinnlichen, welche z. B. die Kegelform, die Form einer kugelabschnittähnlichen Kuppe und dergl. ausdrücken, um in den Geist der Zeichnung einzudringen. Er muß also das ganze Terrain gewissermaßen analysiren und in seine, wenn auch noch so kleinen Bestandtheile (stereographische Figuren) zerlegen, um dahin zu gelangen, die aus den Vorübungen zu entnehmenden Grundsätze gehörig anwenden zu wissen.

Dieses ist der richtige Weg, welcher zum Studium und zur Kenntniß des Terrains führt. — Wesentlich kann auch dieses Studium durch das Zeichnen nach derartigen Modellen gefördert werden.

Mit mathematischen Vorkenntnissen und der erlangten Fertigkeit im Terrainzeichnen ausgerüstet, kann dann der Lernende zum **praktischen Aufnehmen und Vermessen** geleitet werden, wodurch er von der Vermessung selbst und den in der natürlichen Ordnung aufeinander folgenden Arbeiten einen vollständigen Begriff erhalten soll.

Dem Lehrer dieses Unterrichts müssen jedoch praktische Erfahrungen zur Seite stehen; er muß überdies einen scharfen Beobachtungsgeist und mechanische Geschicklichkeit damit verbinden, um das Bild der aufzunehmenden Gegend nach festen, aus der Natur hergeleiteten Grundsätzen aufzuzeichnen, er muß die durch genaue, mittelbare oder unmittelbare Messung erlangte richtige Lage einzelner Punkte, zu Entwerfung eines ähnlichen Bildes, vortheilhaft zu benutzen und die Zeichnung selbst mit Nettigkeit auszuführen verstehen.

Bei den gewöhnlichen Situationsplanzeichnungen werden auch die Gebirgspartien blos mit Tonabstufungen mittelst des Pinsels angegeben und das Uebrige mit verschiedenen Farben behandelt, wodurch allerdings der Ueberblick des Terrains sehr erleichtert ist; jedoch was die Bergzeichnung betrifft, so läßt das Lehmann'sche System jedenfalls mehr Bestimmtheit und Genauigkeit für die Bezeichnung der verschiedenen Böschungen der Bergflächen zu, als wie die älteren Zeichnenmanieren mittelst des Pinsels oder mit einfachen und übereinander gelegten Schraffirstrichen.

## 2. Das Architektur- und Maschinenzeichnen

bilden jedes für sich ein gesondertes Fachstudium, wobei stets mit den einfachsten Elementen beginnend zu dem Zusammengesetzteren übergegangen wird.

Während das **Freihandzeichnen** besonders dem Architekturfache in einem hohen Grade der Ausbildung nothwendig, und nicht minder dem

---

niß sich ergiebt, und wobei z. B. für eine Böschung von 10° der weiße Raum fünfmal, bei 20° zweimal, bei 30° eben so groß als die Breite des schwarzen Striches ist u. s. w., nach welchem dann eine Zeichnung ausgeführt werden kann.

Maschinenfache nützlich ist, bildet das **geometrische Linearzeichnen** und die Kenntniß der **darstellenden Geometrie** eine unentbehrliche Grundlage für jedes dieser beiden Fächer.

Auch soll das früher schon erwähnte Messen und Projiziren nach **geometrischen Körpermodellen** als Vorbereitung für das Zeichnen der Bau- und Maschinenmodelle dienen, und zugleich durch die angewandte **geometrische Zeichnen- und Projektionslehre** der Schüler jene erforderliche Uebung im Konstruiren und Projiziren erhalten, ohne welche das richtige Verständniß der Darstellung eines Gegenstandes nicht wohl ermöglicht ist.

Diesem Fachzeichnen wird daher auch durch ein zweckentsprechendes **geometrisches Zeichnen** in den Gewerbsschulen, ein weit besserer Dienst geleistet werden, als durch das häufig vorkommende Kopiren von Bildern technischer Gegenstände, welches den Schülern meistens Schwierigkeiten bereitet, ohne daß denselben der geometrische Entwurf und die Zusammenfügung der Linien klar wird; ja ohne daß sie — wenigstens in vielen Fällen, nur über den zu Papier gebrachten Gegenstand ins Klare kommen.

Es soll deshalb auch das Kopiren der architektonischen Gesimse, oder der Maschinentheile und dergl. als erste Elemente des Fachzeichnens nicht unmittelbar nach Vorlagen geschehen, sondern nach der Wandtafel, auf welcher dieselben mit eingeschriebenen Maßen dargestellt sind, wobei der Schüler diese Vorbilder in sein Heft zu skizziren und deren Maße beizufügen hat, um nach diesen Skizzen mittelst eines gegebenen oder anzunehmenden Maßstabes das Konstruiren und Reinzeichnen vornehmen zu können, wodurch ein mechanisches Abstechen der Vorlagen beseitigt und der Schüler mehr zum Selbstschaffen angehalten wird.

Selbstverständlich dürfen bei diesem Unterrichte die theoretischen und praktischen Erläuterungen, sowie das konstruktive Vorzeichnen an der Schultafel, von Seite des Lehrers nie fehlen.

Da, wo dieser Gesammtunterricht weniger ausführbar ist, können auch statt der Wandtafel, Skizzenzeichnungen mit eingeschriebenen Maßen dem Schüler gegeben werden, nach welchen derselbe die Reinzeichnung nach dem Maßstabe auszuführen hat.

Kommen ausnahmsweise Vorlagen in Anwendung, so sind diese unter Glas aufzustellen und stets im vergrößerten Maßstabe nachzubilden.

In den Feiertags- und gewerblichen Fortbildungsschulen soll die Arbeits- und Detailzeichnung in Umriß und wirklicher Größe die vorzugsweise Anstrebung des Fachzeichnens sein.

Dem mit praktischen Kenntnissen ausgerüsteten geübteren Zeichner kann die Aufgabe gegeben werden, den vorgelegten Entwurf mit gewissen Veränderungen auszuarbeiten, nach gegebenem Grundriß die Facade des Gebäudes zu entwerfen und dergl., wodurch er allmälig zum selbstständigen Entwerfen und Konstruiren nach gegebenem Programme vorbereitet werden soll, wobei ihm dann die Ausarbeitung seines Skizzenentwurfes nach bestimmtem Maßverhältnisse und die Berechnung\*) sammt Detailzeichnung zur weiteren Aufgabe gemacht wird.

---

\*) Ueberhaupt ist dem Rechnen die vorzüglichste Pflege zuzuwenden, dasselbe muß dem Geschäfts- und Handwerksmanne der Hauptstützpunkt seiner Unternehmungen sein, ohne das Rechnen fehlt die solide Basis, auf welcher jedes Unter-

Wie schon anfänglich angedeutet wurde, daß das Messen und Projiziren nach Körpermodellen als Vorbereitung für das Aufnehmen und Zeichnen nach den Bau- und Maschinenmodellen nothwendig sei, ebenso wird letzteres den Uebungen des selbstständigen Entwerfens vorausgehen müssen, indem nur der in solcher Weise ausgebildete Zeichner jene vollständige Fertigkeit erlangen wird, die zur korrekten Durchführung eines Entwurfs positiv erforderlich ist.

Was nun endlich die technische Behandlung der Fachzeichnung betrifft, so richtet sich diese mehr nach dem Zwecke derselben.

Im Allgemeinen wird immer jene Zeichnenmanier hiezu die beste sein, welche die wenigste Zeit erfordert.

Für Werkzeichnungen genügt der einfache Umriß, wobei öfters eine Gewandtheit im Freihandzeichnen mit der Feder gut zu Statten kommen wird. Zeichnungen für dekorative Zwecke werden manchmal in ganzer Haltung schattirt, und Zeichnungen in kleinerem Maßstabe mit Schattenlinien oder in halber Haltung mit und ohne Farbentöne behandelt.

So wird auch bei Architekturzeichnungen öfters die Technik des Tuschens, dagegen bei dem Maschinenzeichnen für Durchschnitte und Cylinderformen mehr die Schraffirung benutzt, ebenso aber auch beide Manieren zugleich in Anwendung gebracht.

Wenn meistens bei technischen Zeichnungen, mit Ausnahme jener für dekorative Zwecke, durch die Anwendung der Farben nicht so fast ein malerischer Effekt erzielt, als vielmehr in konventioneller Weise das Material bezeichnet werden soll, so bleibt doch immerhin eine geschmacklose grelle Farbenanwendung verwerflich, indem überhaupt Farbensinn und Geschmack auch in dieser Richtung nie unbeachtet bleiben dürfen.

Daher wird eine einfache geschmackvolle Farbenbehandlung mit zarten, harmonischen Tonabstufungen, nur durch einige Farbentöne hervorgebracht, stets da am Platze sein, wo die Anwendung der Farben bedungen ist.

## Lehrplan für den Zeichnenunterricht der allgemeinen und technischen Schulbildung.

Durch den in folgendem Lehrplan angedeuteten Unterrichtsgang soll keineswegs eine schablonenartige Ausbildung oder eine jeden Fortschritt tödtende Uniformität erzielt, sondern vielmehr ein systematisches Ineinandergreifen, somit Förderung des Gesammtunterrichts angestrebt werden; wobei je nach dem Zweck der Richtung und Stufenhöhe einer Schule, Lehrstoff und Lehrmethodik sich gestalten, und selbst das Alter und die geistige Entwickelung des Schülers gehörige Berücksichtigung finden muß.

nehmen gegründet sein soll; daher dessen Vernachlässigung in der Jugenderziehung einem dachlosen Hausbaue gleichen würde. —

Wenn auch fast jede der bereits bekannten Unterrichtsmethoden für gewisse Unterrichtsstufen, gewisse Vorzüge hat, so werden diese doch erst durch die rationelle Behandlung des Lehrers zur Geltung kommen, weßhalb die Wahl derselben, sowie die Wahl der Motive des Lehrstoffs stets dem erfahrenen Lehrer überlassen bleiben muß.

## Programm des ersten Freihandzeichnenunterrichts an der Elementar- oder Volksschule.

Zweck und Aufgabe des Freihandzeichnen-Unterrichts an der Elementarschule ist: das Auge im richtigen Sehen (Unterscheiden, Vergleichen) und die Hand im richtigen und genauen Nachbilden des Gesehenen zu üben; dem Knaben anschauliche Begriffe von Maß und Raum und ihren Verhältnissen beizubringen, und ihm das Messen und Zählen zu versinnlichen; aber dadurch auch das Gefühl für das Schöne allmälig anzuregen, und den Sinn für Regelmäßigkeit, Reinlichkeit, Ordnung und überhaupt für natürliche und sittliche Schönheit zu wecken und zu beleben.

Wenn auch der erste Elementarunterricht dem kindlichen Gemüthe in leichter spielender Weise beigebracht wird, um zunächst die Lust und Liebe zum Lernen zu erregen, so dürfte dagegen das Zeichnen, ohnehin weniger trocken als manch anderer Lehrgegenstand, dem Kinde Interesse und Unterhaltung gewährend, nach einem mehr ernsten Systeme betrieben werden, wobei der Zeichnenunterricht in allmäliger Folge vom Leichteren zum Schwereren, aber auch ohne pedantische, das Interesse der Schüler abstumpfende Einförmigkeit fortschreitend, und sich derselbe nicht zu lange bei den vereinzelten Theilen der Gegenstände aufhaltend, diese früh in ihrem Zusammenhange als ein Ganzes vorführt.

Den Unterrichtsstoff hiezu bieten die Elemente der Formenlehre, welche für die Vorbereitungsstufe des eigentlichen Zeichnens dienen und welche überhaupt die Aufgabe des Zeichnenunterrichts der Volksschule sein sollen.

Hierbei soll zunächst eine richtige Auffassung der Formenelemente und verständige Darstellung derselben nach und ohne Vorbild erstrebt werden, wozu keineswegs die Entwickelung einer mechanischen Fertigkeit genügt, sondern stets das Zeichnen mit Heranziehung der inneren, d. h. der geistigen Kräfte behandelt werden muß, damit die Kinder stets wissen, was sie zeichnen, den Gegenstand kennen, den sie darstellen.

Die zweckdienlichste Unterrichtsmethodik für diese erste Vorbereitungsstufe möchte wohl die bereits dargelegte Methode des Schiefertafelzeichnens von Lindig sein, welche auf dem Papiere fortzusetzen wäre, dem sich dann nach erlangter Gewandtheit des Zeichnens nach dem Vorbilde, ähnliche Uebungsaufgaben ohne Benutzung des Vorbildes, und hierauf das Diktatzeichnen von Glinzer, sowie das erwähnte Zeichnen in veränderter Stellung des Originals und das Zeichnen aus dem Gedächtnisse anzureihen hätten.

Diese Unterrichtsverfahren (siehe S. 13, 25 und 33), welche in geeigneter Verbindung, den gestellten Anforderungen dieser Vorbereitungsstufe am vollständigsten entsprechen dürften, werden auch von dem Elementarlehrer mit Erfolg durchzuführen sein, wodurch der Zeichnenunterricht in der Volksschule im Allgemeinen seinen Abschluß finden wird.

Sollten ausnahmsweise die Fortschritte der Schüler, sowie die für den Zeichenunterricht bestimmte Zeit es erlauben, so kann zwar das elementare Ornamentenzeichnen\*) als Anfang des eigentlichen Zeichnens, Aufnahme finden; jedoch wird immerhin eine gründliche Behandlung der Formenlehre dem späteren Zeichenunterricht an der Gewerbs- und Feiertagsschule weit bessere Dienste leisten, als wie ein oberflächliches Voraneilen ohne systematische Grundlage, wodurch nur das Auge des Nichtkenners gewonnen, das Gedeihen des Zeichenunterrichts aber gehemmt statt gefördert, und der Schüler zur Selbsttäuschung und Ueberschätzung geführt wird, daher gehört eine sorgfältige Durchführung dieser ersten Unterrichtsstufe zur Hauptbedingung.

Für die ersten Uebungen derselben dient die Schiefertafel, später aber festes rauhes Schreibpapier (sogenanntes Handpapier), auf welchem der Schüler mit bestimmten Linien zu zeichnen und alle Kritzeleien zu vermeiden hat, wozu weder zu harte noch zu weiche Bleistifte gewählt, und der Gummi-elastikum so selten wie möglich benutzt werden darf, der Radirgummi \*\*) aber gänzlich verpönt bleiben muß.

So soll auch bei diesen Zeichenübungen das Papier stets in unveränderter Lage bleiben, was schon für das richtige Vergleichen des Vorbildes mit der Zeichnung erforderlich ist, und daher dem Schüler nicht gestattet sein, die Lage desselben, je nach Bequemlichkeit zur Erleichterung des Linienziehens, beliebig zu ändern.

Zudem sind alle mechanischen Erleichterungsmittel, welche mehr die Täuschung als die wirklichen Fortschritte fördern, fern zu halten, und ein wirkliches Ueben der Hand und des Auges, also ein wirkliches Zeichnenlernen zu erzielen.

Die Unterweisungen über die Haltung des Zeichenstifts, der Hand und des Körpers, sowie über den Gebrauch des Materials rc. verstehen sich von selbst, dürften aber stets lebendig erhalten werden.

Bezüglich der Darstellungsweisen ist hier bei dem Zeichnen der planimetrischen Figuren, die Anwendung sogenannter Schattenlinien ganz ungeeignet, denn der Umriß zeigt keinen Schatten; daher derselbe nur mit bestimmten gleich starken Linien behandelt werden soll, wobei jedoch die ersten Entwurfslinien ohne starkes Aufdrücken mit dem Stifte, gezeichnet werden müssen.

Wenn auch bei diesem Elementarzeichnen die Entwickelung des Sinnes für Schönheit und Ordnung, lediglich auf Hinweisung der Symmetrie und des ebenmäßigen Verhältnisses der einzelnen Theile zum Ganzen, sowie auf korrekte Linienführung und Reinheit sich beschränkt, so sollen immerhin schon die Motive für die ersten Zeichenübungen nicht allein in systemati-

---

\*) Als zweckdienliche Fortsetzung obiger Formenlehre eignet sich auch das Zeichnen der Lapidarschrift. wobei durch die Verschiedenheit der Längen- und Breitenverhältnisse derselben, das Augenmaß des Schülers besonders geschärft, und zugleich eine kalligraphische Vorübung angebahnt, sowie der Schönheitssinn entwickelt wird

Nicht minder passend sind auch Blatt- und Fruchtformen, einfach architektonische Gegenstände und Geräthe (Gefäße) in geometrischer Ansicht, in ihrem charakteristischen Hauptumrisse dargestellt. Dieselben erfordern jedoch eine geeignete Auswahl, wenn sie dem Zwecke entsprechen und nicht zu Tändeleien führen sollen.

\*\*) Derselbe leistet dagegen sehr nützliche Dienste um Schmutzflecke oder unrichtig gezogene Tuschlinien zu entfernen.

scher Reihenfolge, sondern auch womöglich nach schönem Formverhältnisse gewählt werden.

## Programm des Zeichnenunterrichts an dem Gymnasium.

An dem Gymnasium, der Mittelschule des höheren wissenschaftlich akademischen Fachstudiums, ist vorzugsweise die Aufgabe des Zeichnenunterrichts, außer der Uebung des Auges und der Hand, die **Ausbildung des Schönheitssinnes und des ästhetischen Urtheils**, wobei die Schüler durch planmäßig geleitete Uebungen zugleich die charakteristischen Formen der Dinge auffassen lernen, und zu einer verständigen Anschauung der Natur- und der Meisterwerke der bildenden Kunst geführt werden.

An dem Gymnasium ist daher das **Freihandzeichnen** die wichtigste Uebung, welche jedoch nicht mechanisch betrieben werden darf, sondern sich so viel wie möglich zu einer bewußten Selbstständigkeit erheben soll.

Schon der Anfänger darf nichts zeichnen ohne vorhergegangene Belehrung und Erklärung, wobei immer mit der äußeren Ausbildung auch die innere gleichen Schritt halten muß.

Die Hand kann nur darstellen was das Auge sieht, letzteres sieht aber nur mit Hülfe des Verstandes richtig, die nachbildende Hand arbeitet somit nicht blos im Dienste des Auges, sondern auch des verständigen Urtheils.

Selbstverständlich kann hiebei nicht die Aufgabe sein Künstler vorzubilden, sondern vielmehr die Schüler in den elementaren Voraussetzungen der Kunst zu üben: im **Verständniß der Formen, Sicherheit des Blickes und Augenmaßes, Festigkeit und Leichtigkeit der Hand**.

Für dieses anzustrebende Ziel wird es jedoch nicht zureichen lediglich ohne alle methodische Unterweisung sich auf das Kopiren von Vorlegeblättern zu beschränken, wodurch das Auge verwöhnt, weil das nachzubildende Objekt demselben immer zu nahe gerückt bleibt, daher auf diese Weise der Schüler oft nach jahrelangem Zeichnen, nicht im Stande ist, den einfachsten körperlichen Gegenstand richtig nachzubilden.

Um zunächst für das Zeichnen im Allgemeinen eine sichere Basis zu gewinnen, und somit ein auf Verständniß gegründetes Können zu erstreben, wozu keineswegs eine mechanische Handfertigkeit genügt, möchte wohl theils die Entwickelung der bereits früher schon erwähnten **Zeichnengewandtheit, eigene Vorstellungen graphisch wiederzugeben**, theils das **Zeichnen nach geometrischen Körpermodellen**, unterstützt durch die Lehre der Perspektive, am zweckdienlichsten sein, wodurch dann das Ornamenten-, Kopf-, Figuren- und Landschaftzeichnen seine gehörige Vorbereitung und Entwickelung findet, und der mehr befähigte Schüler durch die methodische Anleitung des Lehrers dann dahingebracht, diese Uebungen selbst nach dem Gypsmodelle und nach der Natur fortsetzen zu können.

Auf dieser Stufe angelangt, ist zwar der individuellen Neigung des Schülers eine freiere Bewegung gestattet, hierbei darf aber zu Spielereien\*) der jugendlichen Neigung kein Vorschub geleistet, und nie vergessen werden, daß es sich um einen ernsten Lehrgegenstand handelt.

Das wahrhaft bildende Element des Zeichnenunterrichts wird beeinträchtigt oder unwirksam gemacht, wenn sich die Schüler gewöhnen ihn lediglich als ein Amüsement anzusehen.

Nebst dem Freihandzeichnen soll auch in den höheren Klassen des Gymnasiums die Handhabung von Lineal und Zirkel, und deren Anwendung für Architekturzeichnung geübt werden, daher die geometrische Zeichnenlehre, Projektionslehre und Schattenkonstruktion, soweit diese zum richtigen Verständniß und richtigen Darstellen des Grund- und Aufrisses ꝛc. eines architektonischen Gegenstandes erforderlich sind, diesem Unterrichte beizufügen wären.

Zum Behufe der Bildung des ästhetischen Sinnes und im Zusammenhange mit den übrigen Gymnasialstudien sind die Vorbilder vorzugsweise der antiken Kunst zu entlehnen, und die Schüler mit den antiken Säulenordnungen, sowie mit einigen Hauptwerken der klassischen Skulptur und Architektur bekannt zu machen. Ebenso sollen bei Wahl der Vorlegeblätter und Vorbilder des Freihandzeichnens, außer der methodischen und ästhetischen auch die pädagogische Rücksicht nie außer Acht gelassen werden.

An die Uebungen des Freihand- und Linearzeichnens reiht sich der wissenschaftliche Theil dieses Unterrichtsgegenstandes, nämlich:

1) **die Perspektive** und
2) **die allgemeine Kunstlehre.**

a) Die Lehre der Perspektive als Grundlage der bildlichen Darstellungen des Künstlers, deren Theorie und Elemente schon bei dem Modellzeichnen praktische Erläuterung und Anwendung gefunden hat, soll nun hier in konstruktiver Hinsicht wissenschaftlich entwickelt werden, so daß der Schüler einfache Gegenstände sowohl in geometrischer, sowie auch in Perspektiv-Projektion darzustellen vermag, wobei jedoch weniger das praktisch Applikative, als vielmehr die klare Entwickelung des perspektivischen Prinzipes voranzustellen ist, dem dann auch in gleicher Weise die Lehre über Licht und Schatten, Luft, Farbe und Abspiegelung sich anschließen dürfte, während

b) die allgemeine Kunstlehre als Grundriß der bildenden Künste vorzugsweise Mittheilungen enthalten soll aus der Kunstgeschichte: über Architektur, Skulptur und Malerei, ferner über Technik und Geschichte der Zeichnenkunst und der Pastell-, Miniatur-, Aquarell- und Oelmalerei, sowie auch über die nachbildende Kunsttechnik der Lithographie, der Holzschneidekunst, des Stahl- und Kupferstiches u. s. w., und zwar möglichst mit Demonstrationen an Kunstwerken.

---

\*) So wird der jugendliche Hang zu Spielereien bisweilen z. B. in Anwendung des papier pellé und dergl. mehr, ebenso im Koloriren, begünstigt, oder auch aus Nachgiebigkeit gegen die Wünsche der Schüler viel zu früh von dem Schattiren mit schwarzer Kreide Gebrauch gemacht, und zwar ehe diese in scharfer und sauberer Darstellung der Kontoure hinlänglich geübt sind.

Selbst das Oelmalen wird manchmal in das Bereich des Unterrichts gezogen, obgleich der Kunstjünger nur nach gehörigem Vorstudium im Zeichnen nach der Antike und der Natur, dasselbe beginnt. — Hiedurch wird aber für die ästhetische Ausbildung des Schülers mehr verdorben als gewonnen, indem das Bestechliche der Farbe sein Urtheil über Kunst verwirrt, und ihn zur Ueberschätzung seiner Leistungen führt, abgesehen von der nutzlosen Verschwendung der Zeit, welche besser dem wissenschaftlichen Studium zugewendet geblieben wäre.

Eine ausführliche Kunstgeschichte, schon in Rücksicht des Schulzweckes nicht hieher gehörend, bleibt dem akademischen Fachstudium zugewiesen.

Die nach dem Modellzeichnen weiter fortgesetzten Freihandzeichnen-Uebungen werden sich stets nach der Individualität des Schülers richten müssen, indem der von den Musen weniger Begünstigte, mit dem Talentvollen nicht gleichen Schritt halten wird, daher auch für den minder Begabten derartige Uebungen zu nutzlosen Quälereien würden, dagegen derselbe durch das Zeichnen nach dem Körpermodelle immerhin soweit befähigt wird, um mit richtigem Verständniß der Perspektive und der Kunstlehre folgen zu können.

Deßhalb kann das Modellzeichnen sowie der wissenschaftliche Theil dieses Unterrichts, für jeden gleich zugänglich, als allgemeiner Lehrgegenstand behandelt werden.

Zu den Erfordernissen für den Zeichnenunterricht des Gymnasiums oder irgend einer höheren Schule, gehören: außer dem nothwendigen Vorrath an Vorlegeblättern und plastischen Modellen ein für die Aufgabe des Unterrichts wohlgelegenes Lehrzimmer mit hinlänglichem Licht und zweckmäßiger Einrichtung. Es darf darin an Gegenständen bildender Anschauung nicht fehlen: Abbildungen vorzüglicher und charakteristischer Kunstwerke, Büsten, Ornamente, Architektonisches und dergl. mehr sind der geeignetste Schmuck des Lokals.*) Die tägliche Anschauung trägt wesentlich zur Erweckung der Fähigkeiten bei.

## Zweck und Eintheilung der technischen Lehranstalten.

Die technischen Lehranstalten dienen zur Vorbereitung für den gewerblichen, kaufmännischen, landwirthschaftlichen und höheren technischen Beruf, gleichzeitig aber auch als Vorbildungsanstalten für besondere Fachschulen.

Dieselben bezwecken somit eine allgemeine humanistische Ausbildung, und überlassen die spezielle dem nachfolgenden Fachstudium und der Fürsorge des Einzelnen.

Auch sind dieselben in niedere und höhere Schulen gesondert, wodurch die Gewerb- und Realschule und das Polytechnikum sich entwickelte.

In Bayern umfassen diese technischen Lehranstalten folgende Kategorien:

1) Die Gewerbsschule mit der ihr je nach örtlichen Verhältnissen und Bedürfnissen beigegebenen Spezialabtheilung für den Unterricht in der Handelskunde, Landwirthschaft u. s. w.

2) Das Realgymnasium.

3) Die polytechnische Schule.

a) Die Gewerbsschule hat zur Aufgabe eine angemessene allgemeine Bildung und eine theoretische Vorbereitung zunächst für den Eintritt in

---

*) Leider muß manchmal in Ermangelung eines eigenen Lokals für diesen Unterricht (was selbst in Bayerns Kunst-Metropole vorkommt) irgend ein Klassenzimmer des Gymnasiums biefür benutzt werden, wobei die schmalen wackeligen Schulbänke mit Tintengefäßen versehen, schon für den elementaren Zeichnenunterricht nicht besonders zweckdienlich sind, und ein Zeichnen nach dem Modelle fast unmöglich wird; immerhin ein Beweis der Geringschätzung des Gymnasial-Zeichnenunterrichts.

das Gewerbe zu erstreben. Sie besteht in der Regel aus drei Kursen und schließt sich unmittelbar an die Volksschule an.

Sämmtliche Unterrichtsgegenstände dieser Anstalt sind obligatorisch.

b) Das **Realgymnasium** mit dem humanistischen Gymnasium parallel laufend, besteht aus vier Kursen und setzt die Kenntnisse sämmtlicher Lehrgegenstände einer vollständigen Lateinschule voraus. Dasselbe hat zur Aufgabe neben einer allgemeinen wissenschaftlichen Fortbildung die entsprechende Vorbereitung für jene Berufsarten zu gewähren, welche eine nähere Vertrautheit mit den exakten Wissenschaften erfordern.

Das Absolutorium des Realgymnasiums befähigt zunächst zum Eintritte in die polytechnische Schule, sowie zum Uebertritte an die Universität für Studien, welche nicht in den engeren Kreis der Fakultätswissenschaften (Theologie, Jurisprudenz und Medizin) fallen.

c) Die **polytechnische Schule** schließt sich im Gesammt-Organismus der technischen Lehranstalten unmittelbar an das Realgymnasium an und bildet den Gipfelpunkt des technischen Unterrichts.

Dieselbe zerfällt:

1) in eine **allgemeine Abtheilung** und
2) in einzelne **Fachabtheilungen** für bestimmte technische Berufszweige.

Die **allgemeine Abtheilung** umfaßt zwei Jahreskurse und hat die Aufgabe, den mathematischen, naturwissenschaftlichen und graphischen Unterricht in jener weiteren Ausdehnung zu ertheilen, in welcher derselbe die gemeinsame Grundlage zum Beginne der einzelnen technischen Fachstudien bildet, zugleich aber auch Gelegenheit zur Aneignung allgemein bildender Wissenschaften zu gewähren.

Den **Fachabtheilungen** liegt ob, die für einzelne technische Berufsarten erforderlichen Wissenschaften und Fertigkeiten zu lehren und im organischen Zusammenhange mit den einschlägigen Studien der allgemeinen Abtheilung die betreffende Fachwissenschaft zum Abschlusse zu bringen.

Die polytechnische Schule zählt vier Fachabtheilungen:

a) **für das Bauwesen mit 2 Jahreskursen,**
b) **für Maschinentechnik mit 2 Jahreskursen,**
c) **für chemische Technik mit 2 Jahreskursen,**
d) **für Handel und Verkehr mit 1 Jahreskurse.**

Der Hauptzweck dieser Schule liegt in dem selbstständigen Erfassen der Fachstudien.

Die vorbereitenden Grundwissenschaften bieten die Mittel zur Erreichung desselben und müssen daher, soweit sie zum Verständnisse der Fachstudien nothwendig sind, diesen vorausgehen.

Für den Unterricht der Forstwissenschaft, Thierarzneikunde und höheren Landwirthschaft bestehen besondere Fachschulen.

## Ueberſicht der Lehrfächer in den einzelnen Abtheilungen der polytechniſchen Schule.

### A. Allgemeine Abtheilung.

#### I. Kurs.

Analytiſche Geometrie. — Differential- und Integralrechnung. — Analytiſche Mechanik. — Mathematiſche und angewandte Phyſik mit praktiſchen Uebungen. — Elemente der Bau- und Maſchinenkonſtruktion. — Freihandzeichnen. — Elementarmechanik. — Zoologie und Botanik. — Nationalökonomie. — Franzöſiſche, engliſche und italieniſche Sprache. — Geſchichte der deutſchen Literatur.

#### II. Kurs.

Angewandte Mechanik. — Anwendung der darſtellenden Geometrie auf Perſpektive, Schattenkonſtruktion und Steinſchnitt. — Allgemeine und ſpezielle Chemie. — Oryktognoſie und Geognoſie. — Bauzeichnen (Konſtruktion und Bauformen). — Maſchinenzeichnen (Elemente der Konſtruktion). — Allgemeine Maſchinenkunde. — Verfaſſungs- und Verwaltungsrecht. — Franzöſiſche, engliſche und italieniſche Sprache.

### B. Fachabtheilungen.

#### I. Für Bauweſen.

Der Eintritt in dieſe Fachabtheilung ſetzt die Kenntniß nachſtehender Disciplinen in dem Umfange, wie ſie in den beiden Kurſen der allgemeinen Abtheilung gelehrt worden, voraus:

Analytiſche Geometrie, Differential- und Integralrechnung, analytiſche und angewandte Mechanik, mathematiſche und angewandte Phyſik, allgemeine und ſpezielle Chemie, angewandte darſtellende Geometrie, Oryktognoſie, Geognoſie, Bau-, Maſchinen- und Freihandzeichnen, dann Nationalökonomie.

#### I. Kurs.

a) Für Architekten und Bauingenieure gemeinſchaftlich: Allgemeine Civilbaukunde. — Baumaterialienlehre und bauliche Geſundheitslehre. — Lehre von Koſtenvoranſchlägen und Akkordsbedingungen. — Situationszeichnen.

b) Geſonderter Unterricht: Für Architekten: Bauſtyle und Geſchichte der Baukunſt. — Entwürfe von Hochbauten. — Figuren- und Landſchaftzeichnen.

Für Bauingenieure: Brückenbaukunde. — Entwerfen von Brücken. — Geodäſie und Hydrometrie. — Maſchinenlehre.

#### II. Kurs.

a) Für Architekten und Bauingenieure gemeinſchaftlich: Entwerfen von Hochbauten. — Entwerfen von Ingenieurbauten. — Steinſchnitt und Modellirübungen. — Verfaſſungs- und Verwaltungsrecht.

b) **Gesonderter Unterricht:** Für Architekten: Geschichte der Baukunst. — Elemente der Straßen-, Brücken- und Wasserbaukunde. — Vermessungskunde. — Entwerfen von Hochbauten.

Für Bauingenieure: Straßen- und Wasserbaukunde. — Geschichte des Ingenieurwesens. — Entwerfen von Ingenieurbauten.

## II. Für Maschinentechnik.

Der Eintritt in diese Fachabtheilung setzt die Kenntniß nachstehender Disciplinen in dem Umfange, wie sie in den beiden Kursen der allgemeinen Abtheilung gelehrt werden, voraus:

Differential- und Integralrechnung, analytische Geometrie, mathematische und angewandte Physik, Anwendungen der darstellenden Geometrie, Bau- und Maschinenzeichnen, allgemeine Maschinenkunde, analytische und angewandte Mechanik, allgemeine und spezielle Chemie, dann Geognosie.

### I. Kurs.

Maschinenlehre. — System der Bewegungsmechanismen. — Maschinenbau. — Uebungen im Konstruiren. — Materialienkunde. — Technische Physik, inkl. Pyrotechnik. — Vermessungskunde. — Situationszeichnen. — Nationalökonomie. — Exkursionen: Praktische Arbeiten in der mechanischen Werkstätte.

### II. Kurs.

Maschinenlehre. — Maschinenbau. — Uebungen im Konstruiren. — Wasser- und Eisenbahnbau. — Nivellement-, Wasser- und Effektmessungen. — Fabrikbau. — Metallurgie. — Technologie (Manufaktur-, Bau- und Werkzeug-Industrie). — Exkursionen: Praktische Arbeiten in der mechanischen Werkstätte.

## III. Für chemische Technik.

Der Eintritt in diese Fachabtheilung setzt die Kenntniß nachfolgender Disciplinen in dem Umfange, wie sie in den beiden Kursen der allgemeinen Abtheilung gelehrt werden, voraus.

Zoologie, Botanik, Oryktognosie, Geognosie, mathematische und angewandte Physik, allgemeine und spezielle Chemie, Bauzeichnen.

### I. Kurs.

Elementarmechanik. — Technische Physik (Pyrotechnik). — Technische Chemie. — Elemente des Maschinenzeichnens. — Baumaterialienlehre. — Nationalökonomie. — Arbeiten im Laboratorium.

### II. Kurs.

Allgemeine Maschinenkunde. — Allgemeine Civilbaukunde. — Metallurgie, einschließlich Hüttenkunde. — Physikalische Chemie. — Technologie. — Arbeiten im Laboratorium.

### IV. Für Handel und Verkehr.

#### Einziger Kurs.

Handelslehre, einschließlich der Komptoirwissenschaften. — Handelsgeographie und Handelsstatistik. — Handelsgeschichte. — Handels- und Wechselgesetzgebung. — Kaufmännische Arithmetik. — Politische Arithmetik. — Waarenkunde. — Mechanik (in Anwendung auf Transport). — Nationalökonomie. — Verfassungs- und Verwaltungsrecht. — Französische, englische und italienische Sprache. — Kaufmännische Korrespondenz in französischer und englischer Sprache.

## Programm des Zeichnenunterrichts an dem Realgymnasium.

An dem Realgymnasium\*) der Mittelschule des Polytechnikums bildet das Zeichnen einen wesentlichen Theil des Gesammtunterrichts, wobei unter allen Lehrgegenständen dem Zeichnen die größte Stundenzahl, nämlich von 30 wöchentlichen Lehrstunden, sechs hiervon zu gewendet bleiben.

Der Unterricht des Freihand- und Linearzeichnens, der darstellenden Geometrie und des Bossirens und Modellirens entwickelt sich in den vier Kursen in folgender Weise:

### Freihandzeichnen.

I. **Kurs:** Uebungen im Zeichnen gerader Linien und daraus gebildeter geometrischer Figuren. — Zeichnen von Körpern mit ebenen Flächen unter Erläuterung des Sehens und der einfachsten perspektivischen Erscheinungen an entsprechend großen, einzelnen oder gruppirten Körpern. — Uebungen im Zeichnen krummer Linien und daraus gebildeter einfacher Ornamente. — Zeichnen symmetrischer Ornamente und Geräthe nach Wandtafeln und nach leicht erhobenen Gypsabgüssen antiker Kunstformen in reinen Umrissen.

II. **Kurs:** Eintheilung und Verhältnisse der einzelnen Theile der menschlichen Gestalt zum Ganzen, nach Wandtafeln. — Verkürzungen der einzelnen Theile in verschiedenen Stellungen oder Lagen, dann der ganzen Gestalt bei verschiedenen Bewegungen nach dem geometrischen Gliedermann als Modell. — Reichere Ornamente nach dem Runden und Flachen in Umrissen.

III. **Kurs:** Einübung des Schattirens in einfacher Darstellungsweise, anfänglich nach einigen flachen Ornamentvorlagen, dann nach dem Runden. — Köpfe in verschiedenen Stellungen, Hände und Füße nach leicht ausgeführten flachen Vorlagen. — Ornamente der verschiedenen Kunstepochen in thunlichster Verbindung mit architektonischer Gliederung.

---

\*) Unterrichtsgegenstände des Realgymnasiums: Religionslehre. — Deutsche, lateinische, französische und englische Sprache. — Geographie und Geschichte. — Naturgeschichte (Zoologie und Botanik). Physik, Mineralogie und Chemie. — Algebra, ebene und räumliche Geometrie, Trigonometrie, Elemente der höhern Analysis und analytische Geometrie. — Darstellende Geometrie und Zeichnen mit Bossiren und Modelliren.

IV. Kurs: Zeichnen von Thier- und Pflanzenformen, möglichst nach dem Runden und unter treuer Berücksichtigung der Verkürzungen und Biegungen. — Erläuterung und Uebungen im Stylisiren. — Figurenzeichnen nach einfachen flachen Vorlagen. — Ornamente in Verbindung mit Menschen- und Thiergestalten nach dem Flachen und Runden.

## Linearzeichnen.

II. Kurs: Uebungen im Gebrauche von Lineal, Winkel und Zirkel durch Zeichnen und Eintheilen ebener Figuren. — Erklärung der Projektionstafeln. — Uebungen im Darstellen einfacher Körper mittelst ihrer Projektion unter Anwendung prismatischer Maßstäbe bei dem Kopiren der Wandtafeln. — Messen von Körpermodellen und Projiciren derselben nach bestimmter Verjüngung und Stellung.

III. Kurs: Messen zusammengesetzter Körpermodelle mit ebenen Flächen und Projiciren derselben unter Anwendung der Regeln der darstellenden Geometrie nach bestimmter Verjüngung und Stellung.

IV. Kurs: Projiciren von Körpern mit krummen Oberflächen und ihren Durchdringungen nach Aufgaben. — Zeichnen der Säulenordnungen nach Wandtafeln. — Uebungen in der Linear-Perspektive und Schattenkonstruktion.

## Darstellende Geometrie.

III. Kurs: Darstellung der Punkte, geraden Linien und Ebenen durch ihre Projektionen und Spuren. — Bestimmung ihrer gegenseitigen Lagen, Neigungen, Durchdringungen. — Darstellung ebenbegrenzter Körper, ihrer Schnitte durch Ebenen, ihrer gegenseitigen Durchdringungen und ihrer Netze. — Bestimmung von Punkten, Linien und Ebenen, welche gegebene Bedingungen erfüllen. — Lösung der Aufgaben über das körperliche Dreied. — Die logometrische Projektion der Körper. — Die krummen Flächen. — Die Gesetze ihrer Entstehung. — Die abwickelbaren Flächen, ihre Erzeugung und Darstellung. — Die cylindrischen und konischen Flächen, ihre Eigenschaften und gegenseitigen Beziehungen. — Bestimmung der Tangentialebenen. — Schnitte dieser beiden Flächen durch Ebenen. — Die Kegelschnitte. — Bestimmung der Tangenten und Normalen. — Die Durchdringungen dieser Flächen unter sich. — Bestimmung der Tangenten an den Durchdringungskurven. — Abwickelung dieser Flächen sammt den ebenen Schnitt- und Durchdringungskurven.

IV. Kurs: Die windschiefen Flächen überhaupt, ihre Erzeugungen und Eigenschaften. — Das hyperbolische Paraboloid, das Hyperboloid mit einem Fache, das Konoid, die windschiefe Schraubenfläche. — Bestimmung der Tangentialebenen, wenn der Berührungspunkt gegeben ist, oder andere Bedingungen festgesetzt sind. — Die Schnitte dieser Flächen durch Ebenen. — Die Durchdringungen dieser Flächen unter sich und mit den abwickelbaren Flächen.

Die Tangenten an den Schnitt- und Durchdringungskurven. — Die Rotationsflächen, ihre Enstehung und Eigenschaften. — Das Rotations-Hyperboloid und Ellipsoid. — Die Kugel. — Bestimmung der Tangentialebenen für gegebene Berührungspunkte oder andere Bedingungen. — Die Schnitte dieser Flächen durch Ebenen. — Bestimmung der Durchdringungskurven dieser Flächen unter sich und mit den windschiefen und abwickelbaren Flächen.

Tangirende Cylinder und Kegel an gegebenen Flächen. — Bestimmung der Berührungskurven.

Tangentialebenen an mehreren Flächen zugleich.

Anwendung der darstellenden Geometrie.

Bestimmung der Schatten und Schlagschatten der Körper bei parellelen oder von einem Punkte ausgehenden Lichtstrahlen. — Grundzüge der Theorie der Perspektive.

### Bossiren.

III. Kurs: Bossiren von Ornamenttheilen und ganzen Ornamenten anfänglich nach körperlichen, dann nach flachen Vorlagen in verändertem Maßstabe.

### Modelliren.

IV. Kurs: Herstellen der Krystallmodelle einschließlich der Uebergänge in Pappe oder Kartenpapier, nach eigenen, den Gesetzen der darstellenden Geometrie entsprechend hergestellten Entwürfen.

## Programm des Zeichnenunterrichts an der Gewerbschule*).

Ebenso wie an dem Realgymnasium ist auch an der Gewerbs- und Realschule das Zeichnen ein Hauptgegenstand des gesammten Unterrichts.

Wenn schon das Zeichnen für die allgemeine Schulbildung zur Entwicklung des ästhetischen Geschmackes von hohem Werthe ist, so wird dasselbe für die gewerbliche Richtung geradezu unentbehrlich sein, indem vorzugsweise in dem Gewerbe die Geschmacksbildung praktische Verwerthung findet, weil der Hauptwerth der meisten Gewerbserzeugnisse in der schönen Form und kunstgerechten Vollendung besteht, und ebenso Gegenstände des praktischen Gebrauchs durch gefällige Form einen besonderen Reiz erhalten.

Abgesehen davon, daß der Gewerbsmann durch das Zeichnen, als die Sprache der Technik, seine Ideen am einfachsten zur klaren Anschauung bringen kann, wird durch dasselbe noch wesentlich die technische Arbeit unterstützt und viel leichter und vortheilhafter zur Vollendung gebracht, als wie ohne Gewandtheit des Zeichnens.

Soll daher die Gewerbschule den gesteigerten Bedürfnissen unserer gewerbthätigen Gegenwart entsprechen, welche von der Industrie und dem

---

*) Unterrichtsgegenstände der Gewerbschule in Bayern: Religionslehre. — Deutsche und französische Sprache. — Geographie und Geschichte. — Allgemeine Naturgeschichte, Naturlehre und Chemie. — Arithmetik, Algebra, ebene und räumliche Geometrie und ebene Trigonometrie. — Populäre Mechanik, darstellende Geometrie und Zeichnen mit Bossiren.

Handwerke eine hohe Vollendung der Produkte fordert, so muß besonders auch der Zeichnenunterricht eine entsprechend praktische und rationelle Richtung erhalten, wodurch die in dem Schüler schlummernden Zeichnenanlagen geweckt und naturgemäß und stufenweise herangebildet werden.

Hierbei soll der Zeichnenunterricht nebst Uebung der Hand und des Auges, den **Geschmack** veredeln, somit den Sinn für **Schönheit, Harmonie, Ordnung und Reinlichkeit** beleben und fördern, und ebenso die **Einbildungskraft** üben und stärken, wodurch dem Schüler ein richtiges Auffassen und treues Wiedergeben der schönen Formen ermöglicht wird, die ihm durch die reichhaltigen Schöpfungen der Kunst und Natur vorgeführt werden.

Diesen Forderungen wird ein geeignetes Freihandzeichnen Genüge leisten, welches in Verbindung mit dem wissenschaftlichen Zeichnen, das hier mehr von praktischer Bedeutung ist, den Schüler soweit befähigt, um nach dem Austritte aus der Schule ohne Weiteres das technische Zeichnen in Fachschulen oder auch gemäß dem Bedürfnisse seines gewählten Berufes ohne alle weitere Anleitung mit Erfolg beginnen zu können.

An den Gewerbsschulen in Bayern ist der Lehrgang des **Zeichnens der darstellenden Geometrie und des Bossirens,** folgender:

### Zeichnen.

I. **Kurs**: Im 1. **Semester**: Uebungen des Auges und der Hand im Zeichnen von Linien und geometrischen Figuren. — Zeichnen nach entsprechend großen Körpern mit ebenen Oberflächen. — Erläuterung des Sehens und sonach erste Andeutung über Perspektive.

Das Linearzeichnen ohne Instrumente ist mit Freihandzeichnen zu verbinden.

2. **Semester**: Fortsetzung des Freihandzeichnens; Zeichnen einfacher Ornamente nach Wandtafeln oder nach leicht erhabenen oder durchschnittenen plastischen Vorlagen. — Linearzeichnen mit Beihülfe von Winkel und Reißzeug.

Auftragen, Theilen und Messen gerader Linien, ebener Winkel und Figuren, Konstruktion von Maßstäben u. s. w.

II. **Kurs**: Freihandzeichnen reicherer Ornamente nach plastischen Vorlagen, der Proportionen des menschlichen Kopfes und seiner Theile in festen einfachen Umrissen nach Wandtafeln.

Uebungen in der Konstruktion regelmäßiger krummer Linien, architektonischer Glieder. — Projektionen von einfachen Flächen und regelmäßigen ebenbegrenzten Körpern.

III. **Kurs**: Fortsetzung der Uebungen im Freihandzeichnen nach dem Runden. — Zeichnen von Thier- und Pflanzenkörpern, soweit in dem Ornamente anwendbar, mit leichter Schattenangabe zum Verständnisse der Form. — Erläuterung des Stylisirens. — Zeichnen des menschlichen Körpers und seiner Verhältnisse in Umrissen.

Linearzeichnen. Fortsetzung der Projektionsübungen in Anwendung auf einfache Maschinen nach Modellen. — Die Säulenordnungen. — Gewerbliche Details, Profilirungen ꝛc. so viel thunlich in natürlicher Größe nach Vorlagen. — Skizziren nach der Natur. — Uebungen im Tuschen. — Anlegen von Durchschnitten ꝛc.

#### Darstellende Geometrie.

**III. Kurs:** Wiederholung der nöthigen Sätze aus der Elementar Geometrie des Raumes als Einleitung. — Darstellung der Punkte, geraden Linien und Ebenen durch ihre Projektionen und Spuren. — Auflösung der wichtigsten Aufgaben, welche sich auf diese geometrischen Größen beziehen. — Bestimmung der Neigungen der Geraden und Ebenen zu den Projektionstafeln und unter sich. — Bestimmung des Durchschnittes von Ebenen und Geraden. — Schnitt der Prismen, Pyramiden, Cylinder und Kegel durch eine Ebene; Angabe der wahren Gestalt und Größe des Schnittes, Abwickelung der Oberflächen dieser Körper. — Bestimmung der Lage eines Punktes oder einer Geraden oder Ebenen, welche gegebene Bedingungen erfüllen müssen. — Lösungen der Aufgaben über das Dreikant. — Die logo- und isometrische Projektion der Körper. — Tangentialebenen an cylindrischen, konischen und Rotationsflächen. — Anwendung dieser Aufgaben auf die Bestimmung der Schattenlinien und des Schlagschattens auf Ebenen bei parallelen Lichtstrahlen.

#### Bossiren.

**II. Kurs:** Bossiren nach einfachen plastischen Vorlagen in verschiedenen Größenverhältnissen.

**III. Kurs:** Bossiren nach Zeichnungen einfacher antiker Kunstformen.

Je nach den örtlichen Bedürfnissen kann nun auch die Gewerbsschule eine Beschränkung auf zwei Kurse erleiden und ebenso durch Specialabtheilungen für Handelskunde, Landwirthschaft ꝛc. eine Ausdehnung des Unterrichts stattfinden, wo dann das Zeichnen für landwirthschaftliche Schüler sich in folgender Weise gestalten müßte.

**I. Kurs:** Im 1. Semester: Uebungen des Auges und der Hand im Zeichnen von Linien, geometrischen Figuren und einfachen Ornamentformen nach großen Wandtafeln. — Zeichnen nach entsprechend großen Körpern mit ebenen Oberflächen. — Erläuterung des Sehens und sonach Andeutung der Perspektive.

**2. Semester:** Linearzeichnen mit Beihülfe von Winkel und Reißzeug: Auftragen, Theilen und Messen gerader Linien, ebener Winkel und Figuren, Konstruktion von Maßstäben. — Uebung im Zeichnen einfacher geometrischer Körper im Grundriß und Aufriß nach verschiedenen Stellungen. — Regeln der Projektionslehre.

**II. Kurs:** Uebungen im Zeichnen einzelner Bautheile, namentlich der fixen Einrichtung landwirthschaftlicher Gebäude in Grund- und Aufriß nach Modellen und eignen Aufnahmen nach der Natur. — Zeichnen einfacher landwirthschaftlicher Geräthe. — Anleitung zum Zeichnen von Situations- und Kulturplänen.

**III. Kurs:** Uebungen im Zeichnen ganzer Gebäude nach Modellen im veränderten Maßstabe. — Herstellungen von Grundrissen, Aufrissen und Durchschnitten. — Zeichnen von zusammengesetzteren landwirthschaftlichen Geräthen und Maschinen nach eigner Aufnahme.

Uebung im Zeichnen von Situations- und Kulturplänen.

# Zweck der technischen Fachschulen, Baugewerk- und gewerblichen Kunstschule.

## Baugewerkschule.

Während der Architekt und Bauingenieur seine Ausbildung in dem Polytechnikum findet, dient die Baugewerkschule dem Bauhandwerker als Fachschule, und soll den jungen Bauhandwerkern, Mühlen- und Maschinenbauern, welche entweder bereits praktisch gearbeitet haben oder in nächster Zeit sich der Praxis zuzuwenden beabsichtigen, Gelegenheit bieten, sich die zur **Meisterprüfung** erforderlichen Kenntnisse und Fertigkeiten anzueignen.

Nebst diesem Zwecke bleibt aber auch noch das Streben dieser Schule, dem Schüler, nachdem er einen Schatz von Kenntnissen gesammelt, und sein Denkvermögen hier nach und nach immer mehr ausgebildet hat, zu befähigen, Erfahrungen in der Praxis gründlicher aufzufassen, mit dem raschen geistigen Fortschreiten seines Faches Schritt zu halten und überhaupt vermehrten Sinn für höhere und bessere Genüsse, als die gewöhnlichen materiellen, zu gewinnen.

Je nach der Ausdehnung einer Baugewerkschule\*) wird die Eintheilung und der Umfang ihres Unterrichts sich verschieden gestalten.

---

\*) Eine der größten Schulen für Bauhandwerker, Mühlen- und Maschinenbauer ist die rühmlichst bekannte und seit 34 Jahren bestehende **Baugewerkschule zu Holzminden a. d. Weser**, welche jährlich von über 600 Schülern von nah und fern besucht wird.

Sie ertheilt ihren Unterricht nach einem festgesetzten Lehrplane während der Sommermonate Mai bis September und der Wintermonate November bis März, und schließt jedesmal nach voller 20 wöchentlicher Unterrichtszeit Ende September und März mit einer öffentlichen Ausstellung der von den Schülern gefertigten Arbeiten. Es bestehen diese in freien Handzeichnungen von Bauornamenten, in Bauzeichnungen von Konstruktionen aus dem Maurer-, Zimmer-, Mühlen- und Maschinenbaufache, von Entwürfen ländlicher und städtisch-bürgerlicher Wohnhäuser, in Holzmodellen von schwierigen Dach- und anderen Zimmerwerksverbindungen, von Treppen, in Gypsmodellen von Gewölben und anderen Maurer- und Steinhauerarbeiten, sowie in bossirten und in Gyps abgegossenen Ornamenten.

Diese Schule ist in **drei Klassen** getheilt, wovon die erste Klasse als die höchste angenommen und wobei jede Klasse wieder in drei und zwei Abtheilungen zerfällt, um wegen der so sehr verschiedenen Vorbereitung der eintretenden Schüler, dieselben besonders auch im Zeichnen durch speciellen Unterricht möglichst gründlich heranbilden zu können. Außerdem ist noch eine **Meisterklasse** eingerichtet, in welcher vorzugsweise die besonders wichtigen Lehrgegenstände der ersten Klasse wiederholt und ab und an auch erweitert werden.

Zugleich wird der Unterricht in den beiden unteren Klassen auch auf den Elementarunterricht: Schreiben, Rechnen und Stylübung ausgedehnt, und derselbe bei einer jeden Unterrichtszeit von 20 Wochen, in wöchentlich 66 Stunden, unter zweckmäßiger Abwechselung von wissenschaftlichen Vorträgen und Uebungen im Zeichnen, Modelliren und Erholungsstunden, von Morgens früh bis Abends spät so umfassend ertheilt, daß die Schüler in **drei Unterrichtszeiten** sich vollständig wissenschaftlich reif für ihren Beruf ausbilden können.

Um ferner den Schülern den dortigen Aufenthalt möglichst zu erleichtern, besorgt die Anstalt die Anschaffung aller Schreib- und Zeichnen-, der Modellir- und Bossirmaterialien und alle übrigen Gegenstände im Ganzen, wodurch für den Unterricht nur gute Materialien und für möglichst billigen Preis erlangt werden.

Hierbei wird es sogar manchmal nothwendig, wegen der häufigen Unzulänglichkeit des Volksunterrichts und um das, was nach Entlassung aus den Volks- und sonstigen Schulen während der Arbeitszeit und auf der Wanderung von dem früheren Unterricht vergessen und verlernt ist, nachzuholen, neben dem technischen Unterricht nach Erforderniß auch den Unterricht in den Elementarwissenschaften zu ertheilen; wobei stets der wissenschaftliche Unterricht mit dem Unterricht im Zeichnen angemessen abwechselt.

Unter den Schülern der Baugewerkschule sind gewöhnlich Maurer, Steinmetze und Zimmerleute die größte Anzahl, daher auch im Allgemeinen denselben die wesentlichste Berücksichtigung beim Unterrichte zugewendet bleibt.

Die Lehrgegenstände mit Einschluß des Elementarunterrichts sind: Schön- und Rechtschreiben, Stylübungen, bürgerliches und Buchstabenrechnen, Buchführung, ebene und darstellende Geometrie, allgemeine und technische Naturlehre, Kulturtechnik (Bewässerung und Entwässerung), Baumaterialienkunde, Baukonstruktions- und Maschinenlehre, Freihand-, Ornamenten-, Konstruktions- und Maschinen-Zeichnen, Entwerfen von ländlichen und städtischen Gebäuden jeglicher Art, auch von Mühlen und Maschinen, Anfertigung von Kostenanschlägen, Vermessungskunde, Baurecht, Formen- und Säulenordnungslehre, Bossiren architektonischer Formen, Modelliren von Bau- und Maschinen-Konstruktionen in Holz, Stein und Eisen.

Das Zeichnen in seiner Abstufung als Freihand-, Bau- und Maschinenzeichnen, Entwerfen der Baupläne und die die damit in nächster Verbindung stehenden Lehrgegenstände darstellende Geometrie, Steinschnitt, Bossiren und Modelliren, werden an der Baugewerkschule gewöhnlich nach folgendem Lehrgange behandelt.

### A. Freihandzeichnen.

Zeichnen nach einfachen Ornamenten-Vorlagen in Umrissen, Vergrößerung derselben und Zeichnen nach einfachen und komplicirten Gypsmodellen, Entwerfen einzelner Verzierungen.

---

Zu noch größerer Verminderung der Kosten finden in der Anstalt 550 Schüler gegen geringe Entschädigung in dem Schulhause selbst Obdach und Pflege, wobei die Beaufsichtigung über das sittliche Verhalten der Schüler in und außer den Lehrstunden, sowie die Erhaltung einer guten Ordnung erleichtert und gefördert wird, und auch dem minderbemittelten Schüler eine, seinem Berufe entsprechende Ausbildung ermöglicht bleibt.

Das Zusammentreffen einer Menge Bauhandwerker auf dieser Schule von vielen und den verschiedenartigsten Bauplätzen her, deren Zusammenleben im Schulhause, das Besprechen ihrer Reisen und Arbeiten und ihrer auf dem Bauplatze aufzunehmenden, der Schule abzuliefernden Reiseberichte, die Vollständigkeit des Lehrplans, die bedeutende Sammlung von Modellen, alles dieses trägt wesentlich zu größerer technischen Ausbildung der Schüler bei, und giebt der Schule den Vorzug vor dem Unterrichte einzelner Schüler bei einzelnen Technikern.

## B. Geometrisches Linear- und Bauzeichnen.

Kenntniß und Behandlung der Instrumente. Anfangsgründe im Linearzeichnen. Zeichnen einfacher und zusammengesetzter Konstruktionen für Maurer und Zimmerleute von Grund-, Stand-, und Durchschnittsrissen. Bearbeitung von Durchschnittszeichnungen nach vorliegenden Grund- und Standrissen.

Zeichnen der Säulenordnungen mit Vortrag über Säulenordnung und Baustyl. Formenlehre: Betrachtungen der Haupt-, Gurt- und Sockelgesimse, der Thür- und Fenstereinfassung; Giebel auf Dächern und Giebel über Säulenstellungen. Konstruktionslehre: Vom Mauerverbande, Druck der Mauern, Druck der Erde gegen Mauern, Gewölbe, Stärke derselben und der Widerlager; Grundzüge der Holzverbindungen als: des Ständers, der Riegel, der Kopfbänder, der Spreng- oder Hängwerke, des verzahnten Trägers, des Pultdaches.

## C. Anfertigung von Bauentwürfen und deren Kostenanschläge.

Nach bestimmten Aufgaben werden Entwürfe zu ländlichen oder städtischen Gebäuden und Gehöfen, Wohn- und Fabrikgebäuden in den Grund-, Stand-, Durchschnitts- und Detailrissen selbständig ausgearbeitet und öffentlich vor der Klasse recensirt.

Zugleich werden von dem Schüler zu dem ausgearbeiteten Entwurfe die Bauanschläge geliefert, nämlich die Arbeiten der verschiedenen Bauhandwerker und die dazu erforderlichen Materialien, Fuhren, Erbarbeiten, sowie die Insgemeinkosten berechnet.

## D. Zeichnen und Entwerfen der Maschinen.

Zeichnen der Kurven und der Maschinenelemente: Seile, Ketten, Schrauben, Stiele, Axen, Wellen, Kuppelungen, Zahnräder, Zeichnen der einzelnen Theile und der Zusammensetzung zu ganzen Maschinen. Entwerfen der Wasserräder und Dampfmaschinen, von Mühlen- und Maschinenanlagen mit Vortrag über Maschinenlehre.

## E. Darstellende Geometrie und deren Anwendung auf den Steinschnitt.

Grundbegriff der Projektionen bis zur Darstellung der Projektionen gegen Projektionsebenen geneigter ebener Flächen. Spuren der Linien und Ebenen, Darstellung der Durchdringung der Körper mit Anwendung auf Gewölbe- und Holzkonstruktionen. Schattenkonstruktionen.

Darstellung der Ebenen und Körper in den verschiedensten Lagen gegen einander und gegen die Projektionstafeln. Durchschnitte der Körper und Ebenen. Durchdringung der Körper. Anwendung und Auftragung von Dachflächen.

Steinfugenschnitt: Darstellung senkrechter Gewölbe, der Kloster- und Kreuzgewölbe über regelmäßige und unregelmäßige Grundflächen, der

Weishaupt's Zeichnenunterricht. 7

Kuppelgewölbe über runde und quadratische Flächen, der Treppen, spiralförmige Gewölbe und Bestimmung der Schablonen der einzelnen Steine.

### F. Modelliren und Possiren.

Modelliren in Gyps, Holz und Eisen von Baukonstruktionen der Stein-, Holz- und Eisenverbindungen.

Possiren in Thon nach Vorlagen und Zeichnungen guter Ornamente.

### Gewerbliche Kunstschule.

Die Aufgabe einer derartigen Kunstschule besteht nicht allein darin, tüchtige Zeichner zu bilden, sondern auch dem Schüler eine Kunstbildung im vollen Sinne des Wortes zu geben, durch welche derselbe in Verbindung mit gründlichem technischen Wissen zum Meister heranreift.

Diese Schule soll somit die Kunst dem Handwerker zuführen, wodurch derselbe gleichsam aus sich heraus das Schöne fühlen und begreifen lerne.

Soll nun aber stufenweise der Schüler in Bälde zu dieser Ausbildung geleitet werden, so erheischt dieser Unterricht, daß der Schüler die hierzu nöthige Reife des Geistes besitze und daher nicht erst Anfänger im Zeichnen sei, sondern vielmehr schon einige Fertigkeit hierin erlangt, und wo möglich bereits in einer Werkstätte gearbeitet habe.

Nach erlangter Gewandtheit im Zeichnen, nach der Uebung des Auges und erweckter Empfänglichkeit für Licht, Schatten und Farbe, dann nach ausgebildetem Gefühl für Verhältniß und Umriß, ist es nöthig, daß der Schüler durch Zeichnen nach Modellen den Sinn für Relief, für die Verkörperung empfange und im Fortschritt damit den Körper selbst darstellen lerne.

Ist der Schüler nun auch im Modelliren gewandt, so kann er zum Entwerfen von Gewerks-Gegenständen selbst schreiten.

Zur rechten Anleitung hierzu gehört, daß dem Schüler solche Modelle vor Augen gelegt werden, wodurch er eine Anschauung aller Elementarformen erhält; ferner, daß er bei der Modellirung von Naturgegenständen aufmerksam gemacht werde, welche Formen der Blätter und Blumen zur Darstellung zu wählen seien, was überhaupt zur Stylisirung des Naturgegenstandes gethan werden muß, um davon zu irgend einem Zwecke Anwendung machen zu können. In diesem Sinne sollen Uebungen angestellt und zu diesem Behufe Aufgaben gegeben werden.

Hat der Schüler es damit zu einer Fertigkeit gebracht, so bleibt nur noch übrig, daß er Werkzeichnungen, wonach Gewerksgegenstände ausgeführt werden, anfertige. Sodann aber hätte der Schüler sich eine Kenntniß angeeignet, welche ihm als Meister großen Nutzen bringen wird und welche ihm in gegenwärtiger Zeit zur Herstellung von tüchtigen Gewerkserzeugnissen unerläßlich ist.

In dieser Schule wird somit Unterricht im Zeichnen und Modelliren mit Hinweisung auf die verschiedenen Kunstformen und im steten Hinblick auf gewerbliche Zwecke, daher nur für den Gewerbsbeflissenen und zwar mit besonderer Berücksichtigung seines Faches gegeben.

Gewöhnlich bleibt diese Schule für den Schüler den ganzen Tag geöffnet, und besteht aus drei Abtheilungen, in welchen Folgendes gelehrt wird:

a) **In der ersten Abtheilung:** Zeichnen nach Vorlagen von verschiedenen Darstellungsweisen.

b) **In der zweiten Abtheilung:** Zeichnen nach Körpern und Modelliren in Thon, Holz, Wachs ꝛc., wobei nach Erforderniß auch der Unterricht im Ciseliren als spezielle Technik der Metallplastik sich anschließt.

c) **In der driten Abtheilung:** Entwerfen gewerblicher Gegenstände, wobei durch Anschauung geeigneter Modelle dem Schüler Kenntniß von den Elementarformen und durch Modellirung nach Naturgegenständen der Begriff von Stylisirung gegeben, sowie durch Ertheilung von Aufgaben, Uebung im Entwerfen verschafft, wodurch statt des mechanischen Nachbildens ein selbstständiges Erfassen und ein freies schöpferisches Reproduciren angestrebt wird.

Endlich erhalten die Schüler Anleitung, Werkzeichnungen, wonach Gewerksgegenstände ausgeführt werden, herzustellen.

Vorzugsweise kann dieser Unterricht durch eine Sammlung von Modellen vorzüglicher Ornamente, Geräthe ꝛc. älterer und neuerer Zeit, sowie durch graphische Darstellungen zu Gewerksgegenständen aller Art, am zweckdienlichsten gefördert werden, wodurch dem Schüler die Charakteristik der verschiedenen Formenstylisirung anschaulich gemacht, und derselbe die geeignetste Anweisung erhält, wie Arbeitszeichnungen für Gewerksgegenstände entsprechend und charakteristisch dargestellt werden müssen, wozu aber auch die **geometrische Konstruktions- und Projektionslehre** nothwendig ist, indem das Artistische nur in Verbindung mit dem Konstruktiven den eigentlichen praktischen Werth für den Handwerker erhält.

Bekanntlich gestattet eine große Schülerzahl nur den Massenunterricht, wobei wohl die Uebung der Hand und des Auges, weniger aber die Ausbildung des Geschmacks erreichbar bleibt, indem der Lehrer nur warnend sich gegen das, was nicht gethan werden soll, auszusprechen vermag, und nicht jeden Schüler, wie es dessen Befähigung erheischt, auf das Wesentliche hinzulenken im Stande ist, weil unter diesen Verhältnissen nicht die Zeit dazu gegeben, und der zu Unterrichtenden zu viele sind.

Es kann daher an einer derartigen Kunstschule der Unterricht nur dann wirksam sein, wenn durch eine mindere Schülerzahl dem Lehrer ermöglicht ist jeden Einzelnen zu unterrichten, und er mit Berücksichtigung der Vorkenntnisse und Anlagen eines jeden Schülers den Entwicklungsgang dieser Ausbildung gehörig zu unterstützen und zu überwachen vermag, wodurch dann dieser Unterricht von tüchtigen Lehrkräften geleitet, um so erfolgreicher sein wird, je mehr ein Lehrer durch seine eignen Schöpfungen den Schülern voranleuchtend, deren Ausbildung befruchtet und diese hierdurch zur vollkommenen Reife bringt. Eine, von der gewerblichen Kunstschule, in dieser Weise verfolgte Richtung, wird und muß nur vortheilhaft auf die artistische Bildung des Handwerkers wirken, und wird daher auch nie verfehlen auf die Hebung der gewerblichen Industrie, den günstigsten Einfluß zu üben.

### Gewerbliche Fortbildungsschulen.

Dieselben haben die Bestimmung, einerseits den Bildungsbedürfnissen jener Lehrlinge und Gesellen zu entsprechen, welche nicht in der Lage sind eine Gewerbsschule zu besuchen, anderseits Gewerbsschüler nach ihrem Uebertritte in das Gewerbe in Uebung zu erhalten und fortzubilden.

Diese gewerblichen Fortbildungsschulen sind entweder Nebenanstalten der Gewerbsschulen oder in Erweiterung der Volksschulen selbstständige Anstalten.

Jede gewerbliche Fortbildungsschule besteht aus einer Elementarabtheilung und aus mehreren Fachabtheilungen.

Die Elementarabtheilung ist dazu bestimmt, den in der Volksschule genossenen Unterricht zu befestigen und zu erweitern, sowie Gelegenheit zu Uebungen im Zeichnen zu gewähren; in den Fachabtheilungen wird das Erlernte auf die gewählten Gewerbs- und Fabrikzweige angewendet.

Die Einrichtung der Fachabtheilungen richtet sich nach den in den einzelnen Bezirken, in welchen sich die Schulen befinden, besonders hervortretenden Bedürfnissen.

Der Unterricht wird an Sonn- und Feiertagen, dann in der Regel an zwei Wochenabenden ertheilt.

Lehrlinge, welche die Elementarabtheilung besuchen, sind verpflichtet, dem Unterrichte in allen Gegenständen beizuwohnen.

In den Fachabtheilungen bleibt die Wahl der Gegenstände den Besuchern freigestellt.

In der Elementarabtheilung wird gelehrt:
    1) Religionslehre,
    2) deutsche Sprache, Stylübungen, Geschäftsaufsätze,
    3) Rechnen,
    4) Zeichnen,

In den Fachschulen:
    1) Zeichnen in seinen verschiedenen Zweigen,
    2) Bossiren und Modelliren,
    3) Arithmetik mit ihrer Anwendung auf das gewerbliche Geschäftsleben,
    4) Geometrie,
    5) Naturlehre,
    6) Chemie,
    7) Gewerbsmaterialienkunde,
    8) Gewerbliche Buchführung,
    9) praktische Uebungen für einzelne Gewerbe.

In der Elementarabtheilung wie in den Fachschulen ist der Unterricht unter steter Rücksichtnahme auf den künftigen Lebensberuf der Schüler zu ertheilen.

Um den Unterricht in allen seinen Zweigen nutzbringend zu machen, haben die Lehrer, insbesondere jene der Fachschulen eine lebendige Verbindung mit den Gewerben zu unterhalten und diese auf den Besuch der einschlägigen Fabriken und Werkstätten zu erstrecken.

Da die gesteigerten Anforderungen der Gegenwart die feste Grundlage einer tüchtigen Schulbildung bedingen, welche, gestützt durch Intelligenz und Fleiß, unsere Industrie jenem höheren Standpunkte zuführt, auf welchem sie mit gleichem Schritte der allgemeinen Konkurrenz folgen kann, so ist es um so dringender geboten, diesen Sonn- und Feiertagsschulen\*) die sorgfältigste Pflege zuzuwenden.

Immerhin wird aber die beschränkte Unterrichtszeit der Feiertagsschulen, die als Ergänzungs- und Fortbildungsschulen, vorzugsweise für jene Lehrlinge und Gesellen bestimmt sind, welche außer der Volksschule keine weitere Bildungsanstalt besuchen konnten, zur gehörigen Ausbildung dieser jungen Handwerker unzureichend sein; daher an vielen Orten nebst der Sonntagsschule auch sogenante Abendschulen errichtet wurden.

Wenn nun aber auch diese **Sonntags- und Abendschulen**, je nach den örtlichen Bedürfnissen in geeigneter Richtung und Ausdehnung sich gestaltend, für die zeitgemäße Allgemeinbildung zweckdienlich sein werden, und sicher ihre mehr verbreitete Einführung zu gewärtigen ist, so möchte dennoch in größeren Städten für die Ausbildung junger strebsamer Handwerker, die Errichtung werktägiger Fortbildungsschulen wünschenswerth erscheinen, welche als integrirender Theil der Sonn- und Feiertagsschule in gleicher Weise das Fachzeichnen des Handwerkers systematisch behandeln und sowohl die ästhetische Richtung, als auch das Konstruktive und Wissenschaftliche zweckmäßig damit in Verbindung bringen würden, und wobei dem Lernenden die Schule den ganzen Tag geöffnet wäre.

Bei derartig **werktägigen Fortbildungsschulen** sowie auch an größeren Feiertagsschulen würde dann am zweckentsprechendsten der Zeichnenunterricht in Fachschulen gesondert werden müssen, wobei stets verwandte Gewerbegruppen Parallelklassen bilden, die wieder einer niederen und höheren Abtheilung angehören werden, und wovon die höhere Abtheilung den wissenschaftlichen Unterricht mit dem Zeichnen zu vereinigen hätte, während die niedere Abtheilung als Vorbereitung dienen soll, oder auch für den erforderlichen Bildungsgrad manches Handwerkers vollständig genügen kann.

Eine wesentliche Vorbedingung der Fortbildungsschulen bleibt stets ein **systematisch durchgeführter Elementar-Zeichnenunterricht an den Volksschulen**, indem das Zeichnen als ein Hauptfach dieser Fortbildungsschulen durch diese vorausgehende Grundlage vorzüglich gefördert wird.

Je nach Ausdehnung dieser Schulen erhält ihre vorbildende Abtheilung 4 oder auch 8 Parallelklassen, welche nach den verschiedenen Gewer-

---

\*) Die **Münchener Handwerks-Feiertagsschule** seit 1793 gegründet, möchte die älteste und vielleicht in Rücksicht ihrer Ausdehnung eine der größten in Deutschland sein, und viele derartige Schulen des In- und Auslandes haben sich nach ihrer Organisation gestaltet.

Diese höhere männliche Feiertagsschule als Centralanstalt für den ganzen Umfang der Hauptstadt, bildet, unter einem Inspektor stehend, ein in sich abgeschlossenes, organisches Ganze. — Ihrer großen Ausdehnung wegen ist dieselbe in vier verschiedenen Gebäuden vertheilt. Den Unterricht der oben angedeuteten Elementarabtheilung und der Fachschulen besorgen 26 Lehrindividuen, wovon 10 Lehrer den Zeichnenunterricht ertheilen, der allein jährlich von 1300 Schülern besucht wird, während die gesammte Schülerzahl gegen 3000 beträgt. — Nebst dieser Centralanstalt bestehen noch in den 10 Elementar-Pfarrschulen niedere männliche Feiertagsschulen, und der jährliche Besuch dieser und der höheren Feiertagsschule zählt über 5000 Schüler — In ähnlicher Weise sind auch eine **weibliche Central-Feiertagsschule** und 10 **weibliche Pfarr-Feiertagsschulen** organisirt, erstere schon seit 1801 gegründet, welche jährlich über 2000 Schülerinnen unterrichten. (Siehe **Weishaupt's** Bayerns technische Schule 1865 bei **Fleischmann** in München.)

ten gesondert sind, und wobei z. B. eine Klasse für die Bauhandwerker, Maurer und Zimmerleute ꝛc., eine zweite Klasse für Mechaniker, Mühlenbauer und Schlosser ꝛc., eine dritte für Silber- und Goldarbeiter u. s. w., bestimmt ist, und wobei die letzte Klasse jene Gewerbe umfaßt, welche in den übrigen Klassen nicht bedacht sind.

Hierbei wird der Lehrer in dem angewiesenen Wirkungskreise seiner Fachschule nur die eigenthümlichen Verhältnisse und Bedürfnisse der bezüglichen Gewerbe zu berücksichtigen haben, und wird daher den Unterricht mit weit ersprießlicherem Erfolge nutzbringend den verschiedenen Schichten der Praxis zuzuführen im Stande sein, als wie ohne diese Einrichtung.

In jeder dieser Klassen oder Fachschulen ist der Schüler mit dem Zeichnen der Elemente seines Gewerbes beschäftigt, wobei das Zeichnen je nach dem Zwecke und der Befähigung der Schüler stufenweise theils nach Wandtafeln geschieht, und theils nach Holzkörpern, Geräthen und Gefäßen, sowie nach Gypsornamenten, technischen Zeichnungen und Modellen.

Hierdurch soll Geschmack und das Verständniß von Formenverhältnissen sowie überhaupt der Sinn für Schönheit angestrebt und entwickelt, und zugleich der Schüler befähigt werden, derartige Vorbilder mit Genauigkeit und richtigem Verhältnisse graphisch darzustellen.

Aber auch noch eine andere Hauptbestrebung dieser Fachschulen wird darin bestehen müssen, das konstruktive Zeichnen, sowie das Messen und Projiciren nach dem Modelle, wie solches für die verschiedenen Gewerke erforderlich ist, mit steter Rücksicht auf die praktische Anwendung, möglichst fruchtbringend durchzuführen, damit nicht geistloses Zeichnen, mechanisches Kopiren, sondern ein Selbstschaffen entwickelt werde.

Die höhere Abtheilung der Fortbildungsschule setzt die geeignete Vorbereitung der niedern Abtheilung voraus, und sucht eine höhere technische Bildung anzustreben. Hier wird mit dem Zeichnen und Modelliren, das wissenschaftliche Zeichnen und überhaupt der wissenschaftliche Unterricht in Verbindung gebracht, so daß der Schüler theoretisch und praktisch im Zeichnen ausgebildet und in den Stand gesetzt wird, für seine Arbeiten sich die nöthigen Zeichnungen nach vorliegenden Modellen oder Skizzen selbst zu konstruiren und anzufertigen, sowie auch jede Arbeitszeichnung seines Faches vollständig zu verstehen um danach den gezeichneten Gegenstand in richtigem Maß- und Formverhältnisse fertigen zu können.

Um nun aber den soweit durchgeschulten fleißigen und strebsamen Handwerker dem Gipfelpunkte seiner Ausbildung noch näher zu bringen, so soll derselbe auch im selbständigen Entwerfen geübt werden und so z. B. der Bauhandwerker eine Anleitung erhalten, wie einfache Baupläne mit allen ihren Details zu entwerfen und deren Kostenberechnung herzustellen sind; während je nach dem Bedürfnisse anderer Gewerke das ornamentale Entwerfen nach gegebenem Motive (nach Gypsabgüssen natürlicher Pflanzenblätter) und selbstständiges Entwerfen von Werkzeichnungen betrieben wird *).

---

*) An der Münchener Handwerks-Feiertagsschule bestehen gegenwärtig 3 übergeordnete Freihandzeichnenklassen und eine Klasse für geometrisches Linearzeichnen, wovon jede derselben eine zweite Parallelklasse hat, während noch eine Klasse für Architektur- und eine für Maschinenzeichnen bestimmt ist, und somit der Zeichenunterricht in 10 gesonderten Klassen ertheilt wird.

Da ferner jene technischen Lehrfächer, welche in den Werkstätten nicht erlernt werden können, und dennoch für die Ausbildung des Handwerkers und Technikers unentbehrlich und wesentlich nothwendig sind, die Schule zu übernehmen hat, so dürfte je nach den örtlichen Bedürfnissen nicht allein der Unterricht in der praktischen Mechanik, sondern z. B. auch der theoretisch-praktische Unterricht im Steinschnitt für Steinmetze, wobei das konstruktive Zeichnen mit dem Modelliren vereinigt betrieben würde, sowie nebst der allgemeinen Technik der Gypsplastik (Bossiren und Modelliren in Thon) auch die specielle Kunsttechnik der Metallplastik (Ciselirkunst), wobei nach Zeichnungen und Modellen, Verzierungen in verschiedene Metalle theils getrieben, theils gemeißelt, gestochen und gravirt werden, und die Technik der Holzplastik, das Modelliren in Holz für Zimmerleute und Mühlenbauer u. s. w. als Unterrichtsfach zur Einführung kommen.

Es bedarf wohl nicht erst erwähnt zu werden, daß der Unterricht sämmtlicher Lehrfächer der Feiertagsschule nur dann von gedeihlichem Einflusse auf die Fortbildung des Handwerkers sein wird, wenn bei Zurechtlegung, Auswahl und Stufengang des Lehrstoffes die Vorkenntnisse desselben, sowie die geringe Unterrichtszeit gehörig berücksichtigt und bemessen, und dabei zugleich die nothwendigsten Bedürfnisse der gewerblichen Ausbildung wohl erfaßt und dieselbe durch ein harmonisches Ineinandergreifen aller Lehrzweige gefördert wird.

Ein breit angelegter umfangreicher Lehrkurs kann bei der beschränkten Unterrichtszeit und dem während des Schuljahres häufig vorkommenden Ein- und Austritte der Schüler, diesem Zwecke nicht entsprechen.

Dem Handwerker sollen gemäß seiner Bildungsstufe und Fassungsgabe nicht allein die Grundprinzipien und Lehrsätze der Theorie verständlich gemacht, sondern derselbe auch dahin geleitet werden, das Erlernte im praktischen Leben verwerthen zu können, was nur dann möglich ist, wenn ihm die Theorie in steter Anwendung auf die Praxis vorgeführt wird. Ein mit steter Rücksicht auf die Praxis **gründliches Verstehen und Können**, sei es auch nur ein Bruchtheil des gesammten Lehrstoffes, wird dem Handwerker weit nützlichere Dienste leisten, als wie ein oberflächliches Wissen vieler theoretischer Kenntnisse, welche er gemäß seiner Vorbildung nicht genügend zu erfassen, und für die Praxis anwendbar zu machen versteht.

Der praktische Handwerker darf nicht bloßer Empiriker sein, die Theorie soll ihm Ursache und Wirkung erschließen und klar machen, damit er mit Sicherheit und Berechnung seine Operationen leite.

---

Bei dieser Eintheilung kommt es häufig vor, daß die besuchenden Lehrlinge der ersten Klassen die Anstalt verlassen, ohne in den höheren Klassen das eigentliche Fachzeichnen ihres Gewerbes berührt zu haben; daher der Verfasser, als Lehrer dieser Anstalt, dem zugleich die technische Leitung sämmtlicher Zeichnenklassen übertragen ist, schon vor Jahren obige Eintheilung in Fachschulen, sowie eine allgemeine Einführung des Elementarzeichnenunterrichts an den Volks- und Pfarr-Feiertagsschulen in Vorschlag brachte.

Erfreulich war es demselben, zu vernehmen, daß in Stuttgart bereits die Fortbildungsschulen in ähnlicher Weise organisirt sind.

Daß ein nach diesen Grundsätzen durchgeführter Unterricht an jeder Fortbildungsschule für Handwerker, den jetzigen Anforderungen entsprechen dürfte, und schon der Lehrling hierdurch gefesselt keines Schulzwanges mehr nöthig hat, bedarf wohl keiner Beweisführung.

Ebenso gewiß ist aber auch, daß diese Durchführung des Unterrichts vorzugsweise von der Tüchtigkeit und dem praktischen Blicke des Lehrers abhängen wird.

## Ueber Lehrmittel, praktische Durchführung des Zeichnenunterrichts und Unterrichtslokal.

### 1) Lehrmittel.

Was die **Unterrichtsmittel des Zeichnens** betrifft, so ist auf die Wahl derselben die größte Sorgfalt zu verwenden.

Im Allgemeinen werden die flachen Vorbilder und Modelle nur dann diesem Zwecke dienlich sein, wenn sie sowohl dem Stufengange und den Kräften des Schülers angemessen, sowie auch den **ästhetischen Anforderungen** entsprechen, indem das Auge des Schülers schon früh an klassische Formen gewöhnt werden soll.

Es ist daher das Zeichnen nach den **Geräthen des Alterthums**, nach Gefäßen, Krügen, Lampen 2c. nicht so fast deshalb zu empfehlen, um diese Formen zum Gebrauche unserer Zeit zu benutzen, sondern vielmehr, um an ihnen empfinden zu lernen, was die Schönheit in ihren einfachsten Linien schon zu leisten vermag; denn am feinen Ebenmaß ihrer Verhältnisse, an Grazie ihrer Gestaltung sind diese antiken Geräthe noch von keinem Zeitalter übertroffen worden.

Bei ihrer Auswahl sind die einfachsten Formen, welche nur in dem geometrischen Umriß ihrer Silhouette gezeichnet werden sollen, am zweckmäßigsten.

Neben diesen Geräthen eignen sich auch vorzugsweise die schönen stets mustergiltigen **ornamentalen Formen der antiken Kunst**, wovon besonders die griechischen Ornamente sowohl für die Zeichnenübung als auch für das Studium der Stylisirung unentbehrlich sind.

Da jedoch das Studium der Ornamentik in Schulen nie einseitig betrieben werden soll, so dürfen auch die **mittelalterlichen Ornamente** und die der **Renaissance** nie fehlen, und zwar sollen die vorzüglichsten Motive derselben nach ihren Zeitperioden geordnet eine systematische Vergleichung ermöglichen, welche die Kenntniß der verschiedenen Charakteristik und Stylisirung wesentlich erleichtert und fördert, daher in technischen Schulen, wo es an derartigen Gypsmodellen gebricht, wenigstens doch Abbildungen hiervon vorhanden sein müssen.

Auch sind Geräthe und Ornamente der Neuzeit von schönem Formverhältniß und Geschmack nicht ausgeschlossen, wäre es auch nur um die charakteristischen Unterschiede geeignet in Betracht ziehen zu können.

Ebenso nothwendig sind dem Schulzwecke **Naturmodelle** (Gypsabgüsse natürlicher Pflanzenblätter), welche dem mehr geübteren

Zeichner, der bereits durch Uebung nach dem plastischen Ornamente die erforderliche Kenntniß der Stylisirung sich angeeignet hat, gleichsam als Grundform des Ornamentes vorzügliche Zeichnenstudien bieten, wodurch er im richtigen Modelliren der Naturformen mittelst der Schattirung geübt wird und ihm diese Gypsblätter zugleich als Motive dienen werden zum selbstständigen Entwerfen des Ornamentes.

Hierzu eignen sich besonders jene Blattformen, welche am häufigsten in der Ornamentik benützt werden, wie z. B. das Epheu-, Wein- und Eichblatt, das Akanthus-, Ahorn- und wilde Rebenblatt, die Distel und noch viele andere, welche ornamentale Anwendung finden und auch wegen ihrer malerischen Blattumschläge und bewegten Formen dem Studium des Zeichners zweckdienlich sind.

Eine kleine Sammlung gut ausgewählter Blattformen ist zu diesem Zwecke genügend und leicht zu beschaffen, da derartige Gypsabgüsse selbst von den Schülern gefertigt werden können*).

Die für das Freihandzeichnen bestimmten geometrischen Körpermodelle müssen eine ziemliche Größe und helle Farbe haben, damit die perspektivische Verkürzung ihrer Kanten, sowie ihre Schattenformen bestimmt hervortreten.

Bei diesen, sowie bei allen Modellen, welche zur Veranschaulichung und Erläuterung der darstellenden Geometrie und der Perspektive dienen sollen, ist nebst dem geeigneten Größenverhältnisse auch eine dauerhafte Konstruktion nothwendig.

Dasselbe bezieht sich auch auf die übrigen Modelle, wovon bekanntlich die architektonischen Glieder und Gesimse, die Kapitäle und Basen der verschiedenen Säulenordnungen und Baustyle, sowie Gewölbe und Maßwerke &c. gewöhnlich in Gyps modellirt und die Dachstuhl-, Treppen- und Brückenmodelle aus Holz konstruirt sind.

Während nun die angedeuteten Modelle für den technischen Zeichnenunterricht unentbehrlich sind, werden immerhin je nach der Höhenstufe einer Schule, Gypsbüsten und Figuren, Reliefs u. dergl., sowie eine Sammlung technischer Zeichnungen, gleichfalls am Platze, ja sogar nothwendig sein.

### 2) Praktische Unterrichtsweise für junge Gewerksleute.

Nebst den, theils aus Holz und Metall gefertigten Maschinenmodellen, werden gewöhnlich für das erste Maschinenzeichnen Vorlegeblätter benützt, auf welchen die Elementarformen der Mechanik, die einzelnen Theile der Maschinen, sowie die hauptsächlichsten Maschinen selbst dargestellt sind.

Auf einem Vorlegeblatte aber befinden sich nur die homogenen Gegenstände, wie die verschiedenartigen Räder, auf einem andern die mannich-

---

*) Bei Herstellung derselben ist besonders darauf zu sehen, daß das Naturblatt seine natürliche freie Bewegung behält, nämlich demselben kein Zwang geschieht, wodurch das Gypsbild platt gedrückt oder verbogen erscheinen würde. Uebrigens ist die Herstellung dieser Gypsabgüsse sehr einfach und findet sich von dem Verfasser genau und praktisch beschrieben in dem Texte seiner Vorlagen zum Elementarunterricht im Freihandzeichnen, die 1861 bei Fleischmann in München erschienen.

fachen Transmissionen, auf einem dritten die gebräuchlichsten Hebel ꝛc. gezeichnet, kurz beschrieben und sogar mit den, den Materialien entsprechenden Farben angelegt.

Dadurch erhält der Schüler eine klare Vorstellung von jedem Gegenstande, eine Einsicht über den Umfang der Mechanik und einen scharfen Blick schon von frühester Jugend an, der von dem größten Werthe ist.

In gleicher Weise wie bei dem Maschinenzeichnen dürfte daher auch in den Feiertags- oder gewerblichen Fortbildungsschulen der Zeichnenunterricht für junge Gewerkleute überhaupt zu behandeln sein, und daher wären auf einem Blatte nur Theile und ganze Gegenstände eines und desselben Gewerkes darzustellen, durch kurze Beschreibung darauf auszusprechen, welcher Theil des ganzen Stückes abgebildet sei, oder wie und wo dieser angewendet werde.

Mit dem Einfachsten beginnend zu dem Schwierigern übergehend, kann zugleich gezeigt werden, welche Formen für jeden Gegenstand oder jedes Gewerkerzeugniß charakteristisch sind, in welchem Material dieser oder jener Theil hergestellt wird, wie die verschiedenen Materialien zu behandeln sind, wie in Holz, Metall, Stein, Elfenbein gearbeitet wird, welche Ornamentik diesem oder jenem Material passend, diesem oder jenem Gegenstande entsprechend ist.

Alles dies ist durch Zeichnung, Farbe und kurze Beschreibung, insbesondere aber durch die Systematisirung ersichtlich zu machen, woraus der Vortheil erwachsen wird, daß der junge Gewerksmann eine Masse Kenntnisse sich erwirbt, daß er schnell die rechte Anwendung der Einzelnheiten kennen lernt, daß er kein architektonisches Ornament, welches in der dargestellten Art nur in Stein ausgeführt werden sollte, zu einem Stuhl oder andern Hausrath verwendet, und daß er nur homogene, gemäß ihrer Charaktere zusammengehörige Ornamente neben einander stellt und mit einander gebraucht.

Selbstverständlich wird bei diesen Vorlegeblättern für den speciell gewerblichen Zeichnenunterricht an feiertägigen Fortbildungsschulen, je nach den gewerklichen Gegenständen entweder die große Wandtafel oder das Format der gewöhnlichen Vorlage gewählt werden müssen.

Ueberhaupt werden auch zweckmäßig praktische Lehrmittel und Lehrweisen bei derartigen Schulen um so nothwendiger sein, weil ein gedeihliches Wirken des Unterrichts, bei der beschränkten Unterrichtszeit und großen Schülerzahl, deren Gewerbe und Vorbildung sehr verschieden sind, nur durch obig rationelle Lehrmethode, welche sich auf Anschauung und systematische Erläuterung gründet, erzielt werden kann.

Bei allen Studien und Lehrmethoden hängt viel von der ersten Anweisung ab; sie kann den eifrigsten Schüler von einer richtigen Bahn abführen, und dem mittelmäßigen Talent die beste Richtung geben und es zu einer klaren Anschauung führen.

### 3) Unterrichtslokal.

Nicht minder wichtig sind für eine gut organisirte Schule zweckmäßige Unterrichtslokale mit geeigneter Beleuchtung und Einrichtung, aber gerade hierin fehlt es noch an vielen Orten. Nicht selten mangelt ein eigenes Lehrzimmer für den Zeichenunterricht und der Zeichenlehrer muß sich mit schmalen Schulbänken begnügen, und selbst da wo ein solches vorhanden ist, sind sehr häufig Beleuchtung und Einrichtung ebenso wie sie nicht sein sollten.

Dieser Mißstand und noch manch andere, welche dem Gedeihen des Zeichenunterrichts im Wege liegen, werden sich an vielen Orten noch lange erhalten, weil eben der Werth dieser Unterrichtssparte häufig mißkannt und unterschätzt wird, und leider oft halbe Maßregeln für hinlänglich genügend erscheinen.

## Vom gleichen Verfasser ist bereits erschienen:

1) Musterblättter für praktische Künstler und Gewerbsleute, sowie zum Gebrauche beim Unterrichte im Ornamenten- und Linearzeichnen für technische Schulen. 31 lithograph. Blätter in gr. Querfolio. München 1836.

2) Theoretisch-praktische Anleitung zur Chromolithographie. 6 Bogen Text mit 3 Tafeln Abbildungen. Leipzig bei Basse, 1848.

3) Elementarunterricht im Linearzeichnen für höhere Feiertagsschulen, Gewerbsschulen und zum Unterricht im gewerblichen Berufe. München bei E. A. Fleischmann 1856—63.

    I. Abtheilnng I. Theil. Geometrische Zeichnungslehre (Konstruktion in der Ebene). 6 Bogen Text mit Holzschnitten und einem Atlas in Querfolio mit 15 lithograph. Tafeln.

    I. Abtheilung II. Theil. 6 Bogen Text mit Holzschnitten und einem Atlas mit 16 lithographirten Tafeln.

    II. Abtheilung I. Theil. Geometrische Projektionslehre. 6 Bogen Text mit Holzschnitten und einem Atlas mit 30 Tafeln.

    II. Abtheilung II. Theil. 6 Bogen Text mit Holzschnitten und einem Atlas mit 26 Tafeln.

    III. Abtheilung. Schattenkonstruktion. 7 Bogen Text mit Holzschnitten und einem Atlas mit 14 Tafeln.

4) Vorlagen zum Elementarunterricht im Freihandzeichnen für Schulen sowie zur Selbstübung nebst erläuterndem Texte. München bei E. A. Fleischmann 1857—61. 13 Hefte in Querfolio à 12 lithograph. Blättern.

5) Sammlung von Vorlagen für technische Zeichnungsschulen und Gewerbtreibende. München im Verlag der lithographischen Kunstanstalt an der Handwerks-Feiertagsschule 1860. Erstes und zweites Heft in gr. Folio à 8 Blätter.

6) Bayerns erste technische Schule oder ausführliche Geschichte der Entstehung und organischen Entwickelung der Feiertagsschule zu München. 15 Bogen Text mit einem Titelbilde. München bei E. A. Fleischmann 1864.

7) Das Gesammtgebiet des Steindrucks oder vollständige theoretisch-praktische Anweisung zur Ausübung der Lithographie in ihrem ganzen Umfange und auf ihrem jetzigen Standpunkte. Nebst einem Anhange von der Zinkographie, dem anastatischen Drucke und der Photolithographie. Vierte Auflage von „Pescheck, das Ganze des Steindrucks" in gänzlicher Umarbeitung. 26 Bogen Text nebst einem Atlas von 10 Tafeln, enthaltend 132 Abbildungen. Weimar bei Bernhard Friedrich Voigt 1865.

**Verlag von B. F. Voigt in Weimar.**

## Matthaey's
## Zeichnenschule in 48 Vorlegeblättern

von geradlinigen Figuren, Ornamenten, Blumen, Landschaften, Köpfen und Thieren. Vier Hefte. Erstes Heft: geradlinige Figuren, Ornamente, Blumen in 12 Blättern. Zweites Heft: Landschaften in 12 Blättern. Drittes Heft: Köpfe in 12 Blättern. Viertes Heft: Thiere in 12 Blättern. — Vierte Auflage gänzlich umgearbeitet und neu gezeichnet von Gustav Johler. 4. Geh. Preis aller vier Hefte 1 Thlr. 18 Sgr. Preis eines jeden einzelnen Heftes 12 Sgr.

---

## Dr. C. Stegmann,
## Ornamente der Renaissance aus Italien

zum Gebrauche als Vorlegeblätter für Bau-, Kunst- und Gewerbe-Schulen, sowie als Beitrag zur Kenntniß der Renaissance. Nach der Natur gezeichnet. Vierundzwanzig Royal-Folio-Blätter mit Zeichnungen in $\frac{1}{2}$, $\frac{1}{4}$ oder $\frac{1}{8}$ der wirklichen Größe. In eleganter Mappe. 5 Thlr.

---

## Dr. C. Stegmann,
## Handbuch der Bildnerkunst

in ihrem ganzen Umfange, oder Anleitung zur Erwerbung der hierzu erforderlichen Kenntnisse und Rathgeber bei den verschiedenen Verfahrungsarten. Für angehende Künstler und Freunde der Bildnerkunst. Mit einem Atlas enthaltend 28 Quarttafeln. 8. Geh. 3 Thlr.

---

## W. Binns,
## elementarer Unterricht über orthographische Projektion

oder das geometrische (Linear-) Zeichnen. Nach einer neuen, gründlichen und leichtfaßlichen Methode vorgetragen und den Bedürfnissen der Ingenieurs, Maschinisten, Mechaniker, Baugewerken jeder Art, sowie dem Schulgebrauch und Selbststudium angepaßt. Aus dem Englischen übersetzt und durch Zusätze bereichert von A. W. Hertel. Zweite vermehrte Auflage. Mit 28 Tafeln. 8. Geh. 10 Sgr.

**Dr. Th. Thon,**

# Lehrbuch der Linear-Zeichenkunst (Reißkunst)

oder das Zeichnen mit Zirkel und Lineal, als Grundlage des Maschinen-, Bau- und anderen technischen Zeichnens, der Perspektive, des Muster- und Freihandzeichnens, theoretisch und praktisch abgehandelt. Als dritte Auflage von des Verfassers Lehrbuch der Reißkunst, neu bearbeitet von A. W. Hertel. Mit einem Atlas von 24 Tafeln, enth. 298 Figuren. 8. Geh. 1 Thlr. 15 Sgr.

---

**A. W. Hertel's**

Unterricht in Anfertigung der Entwürfe und der Zeichnung der gewöhnlich

## vorkommenden Baurisse

nach ihren verschiedenen Beziehungen. Auf theoretische Sätze der Geometrie, Mechanik und Physik begründet. Nebst einer kurzen Anweisung zu übersichtlicher Abfassung eines Bauanschlags. Zum Selbststudium für Gesellen und Lehrlinge und zur Vorbereitung für die Gesellen- und Meisterprüfung. Zweite vermehrte und verbesserte Auflage. Mit 23 Quarttafeln enthaltend 294 Figuren. 4. Geh. 1 Thlr.

---

**H. v. Gerstenbergk,**

## das Plan- und Situationszeichnen

nach Anleitung der neuesten und anerkanntesten Methoden für Militärs, Ingenieure, Bergleute, Kameralisten, Forstmänner, Feldmesser und gebildete Landwirthe. Mit 14 lithograph. theils illuminirten Quarttafeln. gr. 4. Geh. 10 Sgr.

---

**A. W. Hertel,**

# die Oelmalerei

in umfassender technischer Beziehung für Künstler, Kunstliebhaber und Dilettanten bei Entwerfung, Anlage, Ausführung von Oelgemälden aller Art, enthaltend die Kenntniß und Beurtheilung der Farben, der Malgründe, Beschreibung der Utensilien, Erfordernisse eines Ateliers, über Charakterbildung der menschlichen Figuren ꝛc. — Nach Lasalle und Thenot. Mit 1 Tafel. Nebst einer allgemeinen Uebersicht der Kunstgeschichte und der verschiedenen ältern und neuern Malerschulen, sowie von der Erhaltung und Restauration der Oelgemälde und das Wissenswertheste über Geist und Charakteristik in der Kunst. 8. Geh. 1 Thlr. 10 Sgr.

Maria Elisabeth Cavé,
## das Zeichnen ohne Lehrer.
Methode, aus dem Gedächtniß zu zeichnen, insbesondere auch portraitiren zu lernen. Uebersetzt mit Zusätzen von W. Hertel. Mit einem Titelbild. Zweite vermehrte Auflage. gr. 8. Geh. 5 Sgr.

---

C. Ponting,
## photographische Schwierigkeiten
und die Kunst, sie zu überwinden. Augenblickliche Lichtbilder und die Kunst sie zu erlangen. Zwei Abhandlungen. Mit einem alphabetisch geordneten Sachregister und einem Anhange über Photo-Zinkographie. Ins Deutsche übertragen von Paul Grimm. gr. 8. Geh. 12 Sgr.

---

Will. Crookes,
## das Retouchiren und Koloriren der Photographien
mit Farbenpulvern, mit Wasserfarben und mit Oelfarben, den Gesetzen der Harmonie und des Kontrastes der Farben entsprechend. Nach einer, den Photographie News etc. entnommenen Abhandlung des Verfassers. Herausgegeben von Dr. Chr. H. Schmidt. Mit 8 erläuternden Figuren. 8. Geh. 12½ Sgr.

---

W. G. Bleichrodt,
Andeutung zur Geschichte und Kunst
## der Landschaftsmalerei,
mit besonderer Beziehung auf die Malerei in Aquarell oder mit durchsichtigen Wasserfarben. Für Dilettanten der Kunst und Freunde einer angenehmen und nützlichen Beschäftigung. Mit 1 lithograph. Federzeichnung. 8. 5 Sgr.

---

A. W. Hertel,
## über Ausdruck und Charakter der Leidenschaften und Affekte
in Kunstwerken, namentlich in Malerei und Plastik, der Menschenfigur und des Landschaftsbildes. — Winke für Historien-, Porträt-, Genre-, Landschafts- und Blumenmaler und plastische Künstler. Mit 2 Foliotafeln. gr. 8. Geh. 7½ Sgr.

### A. Laurent,
## die Photographie in einer Nuß,
oder kurzgefaßter Inbegriff aller zu dieser Kunst gehörigen Kenntnisse und der hierbei in Anwendung kommenden einfachsten und neuesten Verfahrungsarten. Nebst einer Anweisung, die Photographien mit Aquarell- und Oelfarben zu retouchiren und zu koloriren. Ins Deutsche übertragen von Dr. Chr. H. Schmidt, Herausgeber der photographischen Werke von Valicourt, Gros, Blanquart-Evrard, Barreswil und Davanne. Zweite vermehrte Auflage. gr. 8. Geh. 15 Sgr.

---

### A. W. Hertel,
## Perspektive oder die Lehre von den Projektionen.
Ein Handbuch für den Techniker und Maler zur Ausführung von technischen und perspektivischen Zeichnungen. Zum Selbstunterricht für Handwerker, Maschinenzeichner, Architekten, Dekorations- und Kunstmaler. Mit einem Atlas, enthaltend 37 Figurentafeln. Zweite stark verbesserte, um 3 Bogen und 1 Tafel vermehrte, im Preise nicht erhöhete Ausgabe. gr. 8. Fest geheftet. 1 Thlr. 15 Sgr.

---

### H. Déon,
## von der Erhaltung und Restauration der Gemälde,
Elemente der Kunst des Restaurateurs, historische Angaben des mechanischen Theils der Malerkunst von der Renaissance-Zeit bis zu uns. Aufstellung aller Schulen. Untersuchungen und Nachrichten über einige große Meister. Deutsch mit vielen Zusätzen von W. Hertel. 8. Geheftet. 10 Sgr.

---

### Mansion,
## die Miniaturmalerei
in allen ihren Theilen, oder deutliche und unterhaltende Anweisung, Porträts mit Sicherheit aufzufassen, sprechend ähnlich zu bilden und mit Geschmack darzustellen. Nebst Bemerkungen über Gouache-, Aquarell- und Oelmalerei. In Briefen an eine Dame. Aus dem Französischen. Zweite stark vermehrte und verbesserte Auflage. 12. Geh. 15 Sgr.